Alles, was nach dem Universum der Gewürze schmeckt

Cornelia Schinharl

Echt indisch?

In Indien war ich noch nie, echte Inder kenne ich auch nicht. Außer den Obern im Restaurant. Im indischen natürlich. Da gehe ich nämlich oft hin. Und vor allem gern.

Können die Rezepte dann was sein? Glaub ich schon. Weil ich all das gemacht habe, was mir im Restaurant geschmeckt hat. Und zwar möglichst so, wie's mir geschmeckt hat. Und ich kenne viele andere, denen es so auch geschmeckt hat. Warum also nicht auch euch?

Und was ist „echt indisch"? Eine Küche mit tausend Aromen, vor allem durch die vielen Gewürze, die man mischt oder auch mal für sich allein wirken lässt. Aromen, die zu allem passen, zu Gemüse und zu Fleisch, zu Fisch und zu Reis. Ebenso indisch sind die feinen Saucen, die mit auf dem Tisch stehen – oft mit Jogurt zubereitet und deswegen ganz besonders erfrischend.

Und was gibt's dazu? Reis oder Fladenbrot. Letzteres schmeckt echt lecker und ist auch mal Löffelersatz. Mit dem Fladenbrot kann man nämlich nicht nur tunken, sondern auch löffeln. Immer noch keine Lust auf indisch kochen? Doch, bestimmt.

Und guten Appetit auch!

Inhalt

Teil II: Die Rezepte

Großfamilie

Kurkuma macht alles gelb, Chili brennt so angenehm auf der Zunge und erst der Zimt und dann der Kardamom! Jeder für sich schon eine Wucht, sind sie zusammen ein perfektes Ensemble. Dürfen wir also vorstellen, ganz unparteiisch nach dem Alphabet – Gewürze.

Bockshornklee

Bockshornkleesamen sind klein, dunkel und rechteckig und werden zu den Hülsenfrüchten gezählt. Manchmal sind die Samen auch fein gemahlen in fertigen Currymischungen zu finden. Solo schmecken die Bockshornkleesamen leicht bitter. Übrigens: Man kann aus den Samen auch sehr gut Keimlinge ziehen.

Chili

Eine Frucht, die's in sich hat. Capsaicin nämlich, den Stoff, der schon so manchem die Tränen in die Augen getrieben hat. Weil's so scharf war. Capsaicin steckt vor allem in den Samen, in den kleinen weißen Häutchen im Inneren und in der Haut der ganzen Schote. Große Schoten enthalten etwas weniger davon und sind daher meistens milder. Aber Vorsicht: Ab und zu sind auch die großen Schoten richtig scharf, und wenn man dann schon die ganze Schote in den Topf geschmissen hat, ist nichts mehr zu retten. Also besser erst mal wenig dazugeben, nachwürzen kann man ja immer noch. Und eventuell die Kerne und weißen Häutchen gar nicht erst mitverwenden. Noch eine Warnung: Zupft man die Häutchen mit den Fingern ab, sind auch die ganz schnell scharf. Dann besser nicht mit den Fingern in den Augen reiben, sonst brennt es höllisch. Um dem vorzubeugen, lieber vor dem Chilischneiden ein paar dünne Einweghandschuhe anziehen (auch wenn's doof aussieht), die man hinterher fix wieder ablegen kann.

Curry

Inzwischen hat es sich ja schon rumgesprochen, dass Curry gar kein Gewürz ist, sondern eine bunte Gewürzmischung. Hauptbestandteil ist Kurkuma, und neben dem sind Pfeffer, Chili, Paprika, Ingwer, Koriander, Kardamom, Zimt und vieles mehr mit von der Partie. Weil mehr oder weniger Chili drin sein kann, ist Curry unterschiedlich scharf. Im Asienladen gibt es die größte Auswahl davon. Ob man Curry selber machen kann? Klar. Auf Seite 10 nachlesen. Und dann stehen da noch Currypasten in den Ladenregalen. Die kommen meistens aus Thailand, aber es gibt auch indische. Im Asienshop kann man sich nach dem Herkunftsland erkundigen. Ganz speziell: Curryblätter, die man bei uns nur getrocknet bekommt. Sie geben dem Gericht ein ganz besonderes Aroma.

Fenchel

Manch einer kennt die Samen aus Italien. Aber die werden nicht nur dort verwendet, auch in Indien kocht man damit. Außerdem kaut man in Indien nach dem Essen Fenchel, um den Atem wieder schön frisch zu machen. Vielleicht ist euch ja schon mal aufgefallen, dass im indischen Restaurant am Ausgang ein Schälchen mit bunten Zuckerkügelchen steht. Unter der süßen Hülle stecken Fenchel-, Kardamom- und Anissamen, deren ätherische Öle eben für frischen Atem und auch für eine gute Verdauung sorgen. Kaufen kann man Fenchelsamen in der Lebensmittelabteilung größerer Kaufhäuser, beim Italiener und im Asienshop. Wenn's mal keinen gibt, einfach stattdessen Anissamen verwenden.

Garam masala

Heißt eigentlich nichts anderes als Gewürzmischung. Und was in dieser drin sein muss, steht überhaupt nicht fest. Deswegen schwankt auch die Farbe vom Garam gewaltig – je nach enthaltenen Gewürzen eben. Und welche nun drin sind, wird auf der Packung verraten. Garam masala kann man auch einfach selber machen: siehe Seite 10.

Gewürznelke

Hat nicht unbedingt was zu tun mit Omas Lieblingsblumen, die irgendwie nie so richtig schnell verwelken wollten. Die Nelken, die uns interessieren, wachsen an Bäumen. Die Knospen dieser Bäume werden abgepflückt, bevor sie aufblühen, und getrocknet. Besser ganz kaufen und frisch zerdrücken oder mahlen.

Ingwer

Ist so ziemlich das einzige Gewürz, das es auch bei uns frisch zu kaufen gibt. Als Wurzel nämlich und die wird dann wie eine Kartoffel geschält und wie Knoblauch klein geschnitten oder durch die Presse gedrückt. Ingwer sollte immer ganz frisch verkocht werden. Deshalb kauft man auch nicht die riesengroße Wurzel, die im Korb vom Supermarkt liegt, sondern bricht sich davon nur solch ein Stück ab, das man sicher innerhalb der nächsten 2–3 Wochen verbraucht. Und diese Zeit übersteht das Wurzelstückchen am besten im Kühlschrank. Übrigens: Ingwer kann ganz schön intensiv und scharf sein. Und das gilt vor allem für Wurzeln, die spät geerntet wurden. Also ist es immer besser, jungen Ingwer zu kaufen als älteren.

Kardamom

Kardamom gibt es meistens als grüne oder braune Kapseln (die in der Sonne oder über Feuer getrockneten Früchte der Pflanze) zu kaufen. In diesen Kapseln stecken viele kleine Samenkörner, die man am besten erst kurz vor dem Verwenden aus ihren Hüllen löst und zerstößt. Dann erhält man das intensivste Aroma. Dieses kann man aber noch steigern, indem man Kapseln oder Samen bei geringer Hitze kurz anröstet. Hin und wieder wird auch Kardamompulver – die gemahlenen Samen – angeboten, welches geschmacklich aber nicht ganz so fein ist und in dieser Form eigentlich nur ins Curry oder Garam masala gehört. Pur schmeckt Kardamom leicht süßlich und aromatisch würzig.

Koriander

Hassen manche, wenn er im Brot steckt, im deutschen zumindest. Werden viele lieben, wenn sie ein Gericht mit einer fein abgeschmeckten Sauce essen – mit Koriander, der so gut zum Jogurt passt und zum Fisch und zum Fleisch und… Koriander hat ein leicht nussähnliches Aroma und er macht nebenbei Saucen etwas dicker.

Kreuzkümmel

Auch unter dem Namen Cumin bekannt. Dieses Gewürz mit dem eigenwilligen Aroma fehlt eigentlich in kaum einem indischen Gericht. In Indien kennt man sogar drei verschiedene Arten, bei uns bekommt man aber nur eine. Nämlich die, deren sichelförmige Körner bräunlich sind.

Paprika

Wird als „Delikatess"-Paprikapulver oder als „edelsüßes" oder „rosenscharfes" Pulver angeboten. Die beiden ersteren sind ziemlich mild – eine Kreuzung aus milden Gemüse- und scharfen Gewürzpaprika wird hierfür vermahlen. Fürs letztere wird nur die Gewürzpaprika zu richtig scharfem, fast chiliähnlichem Pulver verarbeitet.

Senf

Hier interessieren uns vor allem die Körner, also die Samen – und zwar die schwarzen oder besser braunen. In Indien wächst nämlich nur die Senfpflanze mit den dunklen Körnern. Und dort nimmt man neben den Samen auch die Blätter der Senfpflanze und kocht z. B. ein Gemüse daraus. Die gibt es bei uns leider nicht.

Kurkuma

Sieht der Ingwerwurzel ziemlich ähnlich, hat aber ein knallgelbes Fruchtfleisch. Kein Wunder also, dass Kurkuma auch Gelbwurz heißt und getrocknet und gemahlen der Hauptbestandteil vom Curry ist. In Indien verwendet man wie beim Ingwer meistens die frische Wurzel, zu uns kommt Kurkuma aber leider nur fein gemahlen in Pulverform.

Safran

Geerntet werden die Blütennarben von einer bestimmten Krokusblüte, die getrocknet die Safranfäden ergeben. Und weil es ganz schön viele Narben (so um die 100–200 Stück) braucht, bis man 1 g Safranfäden kaufen kann, und die Ernte mühevoll per Hand abläuft, ist das Gewürz auch ganz schön teuer. Diese Fäden gibt es auch bereits gemahlen als Pulver im Laden. Kauft man Fäden, nimmt man sie, zerrreibt sie leicht zwischen den Fingern und rührt sie in ein bisschen Flüssigkeit an. Und übrigens: Safran ist das einzige Gewürz, das auch in Europa gut wächst.

Zimt

Zimt ist ein Rindengewürz – die Rinde des Zimtbaumes wird abgelöst und getrocknet – mit süßlich-würzigem Aroma. Und das ist besonders fein, wenn es Ceylonzimt ist. Außer ihm gibt es im Handel noch den Kassia- oder Cassiazimt. Er kommt von einem etwas größeren Baum mit einer dickeren Rinde. Auch wenn sein Gehalt an ätherischen Ölen sogar etwas höher liegt als bei Ceylonzimt und er daher intensiver schmeckt, ist er nicht so fein im Geschmack. Gemahlener Ceylonzimt hat eine helle, gelblich bis braune Farbe. Der Kassiazimt ist um einiges dunkler und eher rötlich-braun. Lieber die Rindenstücke (also die Zimtstangen) kaufen, da diese in der Regel von besserer Qualität sind als das angebotene Pulver.

Muskat

Gibt's als Nuss und als Blüte, die auch Macis heißt. Beides kommt vom Muskatnussbaum. Die Nuss (Samenkern) sollte man ganz kaufen und immer frisch abreiben – schon fertig gemahlen als Pulver ist das Aroma nicht mehr so intensiv. Die Blüten gibt's nur ganz und kommen so in den Kochtopf.

Die entfernten Verwandten

Die indische Küche lebt zwar von aroma-intensiven Gewürzen, sie sind aber nicht alles. Man braucht da schon noch die eine oder andere Zutat, die vielleicht nicht so bekannt ist. Das wird sich allerdings jetzt gleich ändern.

Kichererbsenmehl – Daraus entstehen z.B. Ausbackteige mit dem gewissen Etwas. Kichererbsenmehl schmeckt nämlich irgendwie nach mehr als Weizenmehl. Kaufen kann man's im Asienladen, aber auch im italienischen Feinkostgeschäft (auch Italiener wissen, was gut ist; sie machen eine Art Fladen draus).

Kokosmilch – Ist Hauptbestandteil von vielen Saucen. Gibt's in Dosen und im Tetrapack und als Block. Letzteres ist gepresst und muss erst eingeweicht bzw. mit Wasser flüssig gemacht werden. Wer mal nirgends Kokosmilch findet, kauft sich einfach Kokosraspel, übergießt sie mit der gleichen Menge Wasser oder Milch und lässt das mindestens 30 Minuten stehen. Danach die Raspel in ein Tuch füllen und gut auspressen. Die Flüssigkeit hat das Aroma angenommen und wird verkocht, der Rest wandert in den Abfall.

Reis – Wird in Indien zu fast allem gegessen. Es muss ja nicht unbedingt Basmati sein. Schön wär's aber schon. Weil der nicht nur gut schmeckt, sondern auch ganz toll duftet. Gibt's inzwischen auch im Supermarkt, aber irgendwie ist der aus dem Asienladen doch immer wieder feiner. In Indien wird der Reis oft eingeweicht, bevor man ihn kocht – 1/2 Stunde reicht. Dann abgießen und mit der doppelten Menge Wasser (in der Tasse abmessen) in einen Topf schütten. Aufkochen, Hitze ganz schwach stellen, Deckel drauf und den Reis etwa 15 Minuten kochen. Salzen entfällt, da das indische Essen so stark gewürzt ist, dass man Salz im Reis gar nicht braucht.

Tamarinden – Sorgt für eine einzigartige fruchtige Säure. Eine Schote verbirgt sich dahinter, die an einer tropischen Pflanze wächst. Das Fruchtfleisch in der Schote ist bräunlich bis schwarz und ziemlich sauer. In ihrer Heimat wird die Tamarinde reif geerntet, geschält und entkernt und dann gepresst. Und so kann man sie auch in Gläsern im Asienladen kaufen. Daraus muss man dann aber einen Saft machen, den man zum Kochen verwendet. Und das geht so: Man nimmt ein Stück Tamarindenfruchtfleisch, begießt es mit kochendem Wasser und lässt das Ganze ungefähr 15 Minuten stehen. Danach wird das Fruchtfleisch mit einer Gabel (wer will, kann auch die Finger nehmen) zerdrückt und alles im Sieb gut ausgepresst. Die im Sieb verbleibenden Fruchtfasern kommen anschließend in den Abfall, der Saft in den Kochtopf. Außerdem gibt es noch fertige Paste im Glas.

Selber machen und selber aufbacken

Currypulver – Irgendwie schmeckt das fertig gekaufte Pulver oft nicht wirklich gut. Grund genug, sich selber eins zu machen. Dazu braucht man: eine Gewürzmühle oder eine Kaffeemühle, mit der man auch Gewürze mahlen kann. Und dann braucht man noch ungefähr 6 getrocknete Chilis, je 2 TL Koriander- und Kreuzkümmelsamen (Cumin), je 1 TL schwarze bzw. braune Senf- und Bockshornkleesamen sowie schwarze Pfefferkörner. Das wird alles in der Mühle fein zerkleinert und dann kommen noch 2 EL Kurkumapulver dazu. Und wer im Asienladen Curryblätter erstehen kann, der mahlt ungefähr 10 davon mit den anderen Gewürzen zusammen in der Mühle. Dann ab mit dem Currypulver in ein Schraubglas – und nicht zu lange aufheben.

Garam masala – Wer wissen will, was drin ist – die Angaben auf der Packung sind oft recht ungenau –, muss selber ran: Man braucht je 1 EL grüne Kardamomkapseln, Koriander- und Kreuzkümmelsamen (Cumin), 1 schönes Stück Zimtstange und je 1 TL schwarze Pfefferkörner und Gewürznelken. Das Ganze wird jetzt ein paar Minuten geröstet (ohne Fett), um das Aroma zu verstärken, und nach dem Abkühlen auch fein gemahlen. Nun ins Glas damit – und bald verbrauchen.

Paneer machen – Gibt's in Indien statt Käse. 1 l Vollmilch im Topf zum Kochen bringen. Wenn sie schäumt, kurz vom Herd ziehen und langsam 2 EL Zitronensaft reinlaufen lassen. Rühren und noch mal kurz auf den Herd stellen. Aber nur so lang, bis sich eine grünliche Flüssigkeit (Molke) und ein quarkähnliches Teil trennen. Noch kurz und langsam weiterrühren. Ein Tuch in ein Sieb legen und den ganzen Topfinhalt reinschütten. Die Molke läuft ab, der Quark bleibt im Tuch. Jetzt ein paar Sekunden lang kaltes Wasser drüber laufen lassen und im Tuch leicht auspressen, damit so viel Flüssigkeit wie möglich aus dem Quark läuft. Tuch zurück ins Sieb legen und den Quark noch etwa 30 Minuten abtropfen lassen. Jetzt ist eine krümelige Masse im Tuch, und die soll fast so fest wie Schafskäse oder Tofu werden. Dazu legt man das Ganze – immer noch im Tuch – auf ein Brett, drückt es ein bisschen flacher und legt ein anderes Brett drauf. Das wird jetzt ein paar Stunden lang beschwert, z. B. mit einem Topf, damit noch mehr Flüssigkeit rausgepresst wird. Dann kann man den Paneer vorsichtig auswickeln und in Stücke schneiden. Aus 1 l Milch bekommt man etwa 150 g Paneer.

Papadams – Sind hauchzarte Fladen aus Linsenmehl, mal mit Pfeffer gewürzt, mal mit Knoblauch, mal ganz pur. Auch wenn sie in Indien hausgemacht werden, ist uns das doch ein bisschen zu schwierig und auch zu viel Arbeit. Weil sie aber knusprig gebacken so gut zum Knabbern sind und auch eine ideale Ergänzung zu den Vorspeisen, die man im Indienlokal und bald auch bei uns zu Hause gegen den ersten Hunger löffelt, kaufen wir uns einfach welche. Fertige Papadams (heißen manchmal auch Papads) gibt es im Asienladen. Zu Hause macht man diese dann so: 1/2 Flasche Öl (ohne intensiven Eigengeschmack) im Topf erhitzen. Ein Papadam reinlegen, ein paar Sekunden frittieren, umdrehen, noch ein paar Sekunden im Fett lassen und dann gleich herausheben. Abtropfen und auf Küchenpapier abfetten lassen.

Das gilt für alle Gewürze

Was früher ein so teures Handelsgut war, dass es sogar Kriege auslösen konnte, ist heutzutage in jedem Supermarkt für wenig Geld zu haben. Wenn man allerdings bedenkt, wie wenig man zum Würzen braucht, lohnt es sich vielleicht doch, ein bisschen mehr dafür auszugeben und in einem Gewürzladen (im Asienladen ist der Umsatz auch groß und die Gewürze meist frisch) einzukaufen. Geruch und Geschmack machen schnell deutlich, warum. Ebenso wichtig: ganz ist immer besser als gemahlen. Zum Zerkleinern zu Hause nimmt man dann den Mörser oder eine Mühle. Das kann eine spezielle Gewürzmühle sein, aber manche Kaffeemühlen machen das auch. Letztere sollte man dann halt nur für Gewürze verwenden.

Vorspeisen & Snacks

Es gibt Restaurants. Und Speisekarten. Und darin verschiedene Rubriken. Und in vielen Restaurants ist die Rubrik mit den Vorspeisen schon so interessant, dass man am allerliebsten nur da zuschlagen möchte. In indischen Restaurants ist das so.

Traut man sich nur nie. Aber zu Hause ist ja alles erlaubt. Dort kann man also ruhig mal nur alle Vorspeisen köcheln und sich viele Freunde einladen. Am besten schon zum Vorbereiten, sonst artet das noch in Stress aus. Viel Spaß dabei und lasst es euch – fast echt indisch – schmecken!

Tschai

FÜR 4 BECHER: 1 Stück Zimtstange, 4 grüne Kardamomkapseln, 1 kleine getrocknete Chilischote und 6 Gewürznelken in 1/2 l Wasser 10 Minuten kochen.

1 EL schwarze Teeblätter und 1/2 l Milch dazuschütten und noch mal 5 Minuten zugedeckt ziehen, aber nicht mehr kochen lassen.

Tschai durch ein Sieb gießen. Mit Honig oder Zucker leicht süßen. Heiß trinken.

Lassi süß

FÜR 4 GLÄSER: 1 kleine Banane schälen, grob schneiden und mit 500 g fettarmem Naturjogurt, 300 ml eiskaltem Wasser und 3 EL Zucker oder Honig gut durchmixen (Mixer oder Stabmixer).

Süßes Lassi in Gläser füllen und etwas Zimtpulver darüber streuen.

Lassi salzig

FÜR 4 GLÄSER: 500 g fettarmen Naturjogurt mit 300 ml eiskaltem Wasser und 2 TL Zitronensaft gut durchmixen (Mixer oder Stabmixer). Mit Salz und Kreuzkümmelpulver (Cumin) würzen.

Salziges Lassi in Gläser füllen und mit zwei oder drei Minzeblättchen garnieren.

Getränke davor, dazu, danach

gute

5

Minuten

Gefüllte Teigtaschen

Samosas heißen die

FÜR VIER:
4 vorwiegend fest kochende Kartoffeln (500–600 g)
250 g Mehl, Salz, 6 EL Butterschmalz
1 Zwiebel, 1 Stück frischer Ingwer (etwa 4 cm)
2 TL Koriandersamen
100 g TK-Erbsen, 1/2 TL Chilipulver
1 TL Garam masala, 1 EL Zitronensaft
etwa 1/2 l Pflanzenöl zum Frittieren

Zeit: 1 Stunde • Kalorien pro Portion: 545

1 Für die Füllung erst mal die Kartoffeln waschen, in einen Topf legen und bis zur Hälfte Wasser dazuschütten. Aufkochen und dann die Kartoffeln zugedeckt bei mittlerer Hitze ungefähr 20 Minuten garen, bis sie weich sind (zerfallen dürfen sie aber nicht). Wasser wegschütten, Kartoffeln abkühlen lassen.

2 Solange die Kartoffeln kochen, schon mal den Teig machen: Das Mehl auf die Arbeitsplatte schütten, 1/2 TL Salz dazu. 4 EL vom Butterschmalz in kleine Stücke schneiden und auch dazulegen. Das alles schon mal mischen. Und dann kommen nach und nach ungefähr 8 EL kaltes Wasser dazu. Und alles wird sehr gut und kräftig verknetet – mindestens 5 Minuten lang, besser 10 Minuten. Und so soll der Teig am Ende sein: glatt und geschmeidig, aber so fest, dass nichts klebt. Tuch drüber decken, Teig 30 Minuten ruhen lassen.

3 Und jetzt geht es wieder um die Füllung: Zwiebel und Ingwer schälen und ganz fein hacken. Kartoffeln schälen und in kleine Würfel schneiden. Das übrige Butterschmalz warm machen. Koriandersamen im Mörser zerstoßen und mit Zwiebel und Ingwer im Schmalz anbraten. Und die Kartoffeln und die Erbsen auch. Mit Chili und Garam würzen, salzen und ungefähr 10 Minuten bei mittlerer Hitze braten. Immer rühren und wenn das Ganze zu trocken wird, ein paar EL Wasser dazuschütten. Zum Schluss mit Zitronensaft und vielleicht noch ein bisschen Salz abschmecken.

4 Den Teig noch mal durchkneten, in 10 Stücke schneiden und zu Kugeln rollen. Jede Kugel auf wenig Mehl dünn und rund (etwa 20 cm Ø) ausrollen. Die Teigkreise halbieren und jede Hälfte zu einer Tüte mit einem spitzen Ende rollen (vielleicht erst mal mit Papier üben). In diese Teigtüten kommt die Füllung. Ränder mit kaltem Wasser einpinseln und ganz gut zusammendrücken.

5 Sind alle Tüten fertig, das Öl heiß machen. So lange, bis an einem Holzlöffel, den man reintaucht, viele kleine Bläschen tanzen. Samosas portionsweise hineingeben und ein paar Minuten frittieren, bis sie schön braun sind. Gut abtropfen lassen. Dazu schmeckt ein Sambal oder / und ein Chutney (siehe Seite 84–88).

Frittiertes Gemüse mit Gewürzjogurt
Die werden Pakoras genannt

FÜR SECHS: 250 g Kichererbsenmehl • 800 ml geschmacksneutrales Öl • Salz • 1/2 Bund Koriander • 1 grüne Chilischote • 250 g Naturjogurt • je 1/2 TL Koriander- und Kreuzkümmelpulver (Cumin) • je 1 Prise Zimtpulver und Pfeffer aus der Mühle • 1 kleiner Blumenkohl • 400 g fest kochende Kartoffeln

Zeit: 35 Minuten • Kalorien pro Portion: 300

1 Für den Teig Kichererbsenmehl, 2 TL Öl und 1 TL Salz in eine Schüssel schütten und mischen. 300 ml lauwarmes Wasser nach und nach unter das Mehl rühren. Teig 15 Minuten stehen und das Mehl quellen lassen.

2 Für den Jogurt das Korianderbund abbrausen, trockenschütteln und die Blätter fein hacken. Chili waschen, putzen und ganz klein schneiden. Jogurt mit Koriander-, Kreuzkümmel- und Zimtpulver sowie Pfeffer mischen. Gehackte Korianderblätter und Chili unterrühren. Kühl stellen. Blumenkohl waschen und in Röschen teilen. Die Kartoffeln schälen, waschen und in 1/2 cm dicke Scheiben schneiden.

3 Übriges Öl im Topf heiß machen. Den Backofen auf 75 °C einstellen und eine hitzebeständige Platte mit einer dicken Lage Küchenpapier drauf reinstellen. Blumenkohl und Kartoffeln nach und nach in den Teig werfen, rausfischen und ins heiße Öl legen. So ungefähr 4 Minuten im Öl frittieren. Abtropfen lassen und auf der Platte im Ofen warm halten, bis das ganze Gemüse fertig ist. Und das tunkt man dann in den Jogurt.

Papadams mit schneller Füllung
Wenig Knete, viel Geschmack

FÜR VIER: 1 Dose Kichererbsen (240 g) • 1 Zwiebel • 1 grüne Chilischote • 1/2 Bund Minze • 1 EL Zitronensaft • 2 TL Garam masala • Salz • 1 EL Speisestärke • 1 Packung Papadams (200 g) • etwa 1/2 l Öl zum Frittieren (was gerade da ist, aber geschmacklich nicht zu intensiv)

Zeit: 1 Stunde • Kalorien pro Portion: 335

1 Für die Füllung Kichererbsen abtropfen lassen und mit dem Stabmixer pürieren. Zwiebel schälen und fein reiben. Chili waschen, Stielansatz abschneiden und den Rest ganz fein hacken. Minze abbrausen, trockenschütteln und die Blätter auch fein hacken. Alles mit Zitronensaft und Garam mischen, salzen.

2 Die Stärke mit 2 EL Wasser zu einer Paste verrühren. Papadams kurz in kaltes Wasser tauchen, bis sie geschmeidig sind. Dann auf die Arbeitsfläche legen und jeweils etwas Füllung mit dem Messer drauf verstreichen, dabei einen kleinen Rand frei lassen. Die Ränder mit der Stärkepaste einpinseln. Papadams zusammenklappen, Ränder gut zudrücken. Öl heiß machen, Papadams portionsweise drin frittieren. Abtropfen lassen und sofort essen. Am besten mit Gurken-Tomaten-Salat (Seite 28) und mit Mango-Chutney (Seite 86).

Fingerfood

indian style

Spinatsuppe mit gerösteten Zwiebeln
Kost fast gar nix

FÜR ZWEI: 300 g frischer Blattspinat oder 1 Portion aus 1 Packung TK-Blattspinat (etwa 110 g) • 1 Stück frischer Ingwer (etwa 1 cm) • 2 Knoblauchzehen • 1 EL Butterschmalz • je 1/2 TL Kurkuma-, Koriander- und Kreuzkümmelpulver (Cumin) • 1 Prise Chilipulver • 400 ml Gemüse- oder Hühnerbrühe • 100 g Sahne • 2 Zwiebeln • 1 EL geschmacksneutrales Öl • Salz • Pfeffer aus der Mühle

Zeit: 35 Minuten (ohne Auftauen) • Kalorien pro Portion: 300

1 TK-Spinat auftauen lassen. Beim frischen Spinat alle welken Blätter aussortieren und ganz dicke Stiele abschneiden. Ins Waschbecken kaltes Wasser laufen lassen und den Spinat drin hin und her schwenken, abtropfen lassen. Den Spinat grob hacken.

2 Ingwer und Knoblauch schälen, beides klein würfeln. Das Butterschmalz im Topf erhitzen. Knoblauch und Ingwer drin andünsten, den Spinat dazurühren und die Gewürze auch. Brühe und Sahne dazuschütten, alles aufkochen und zugedeckt bei mittlerer Hitze etwa 20 Minuten köcheln lassen.

3 In der Zeit die Zwiebeln schälen, halbieren und in feine Streifen schneiden. Das Öl in einem Pfännchen erhitzen und die Zwiebeln darin bei mittlerer Hitze braten, bis sie schön braun und weich sind. Das dauert mindestens 10 Minuten. Die Suppe mit Salz und Pfeffer abschmecken. Mit den Zwiebeln bestreut essen.

Limetten-Kokos-Suppe mit Garnelen
Schön frisch

FÜR ZWEI: 1 Stück Zimtstange • je 3 Gewürznelken und grüne Kardamomkapseln • 1 Zwiebel • 1 mittelgroße, mehlige Kartoffel • 1 EL Butterschmalz • 1/4 TL Kurkumapulver • 1/2 l Gemüsebrühe • 200 ml Kokosmilch • 1 Limette • Salz • Pfeffer aus der Mühle • 100 g gegarte, geschälte Garnelen • ein paar Zweige Koriander

Zeit: 15 Minuten + 20 Minuten Kochen • Kalorien pro Portion: 165

1 Die Gewürze im Mörser grob zerstoßen oder mit dem Messer ein paar mal drüber hacken. Die Gewürze in ein Tee-Ei füllen oder in ein Tuch einbinden. Zwiebel schälen und fein hacken. Kartoffel schälen, waschen und ganz klein würfeln. Schmalz im Topf zerlassen, Zwiebel reinrühren und etwas andünsten. Die Kartoffelwürfel untermischen, mit dem Kurkuma bestäuben und alles noch kurz braten. Mit der Brühe und der Kokosmilch aufgießen, das Tee-Ei reinhängen und die Suppe bei geringer Hitze zugedeckt 20 Minuten köcheln lassen.

2 Die Limette waschen, ein Stück Schale abschneiden und fein hacken, den Saft auspressen. Suppe mit dem Stabmixer pürieren, mit Limettensaft, Salz und Pfeffer würzen. Garnelen reinrühren und warm werden lassen. Koriander abbrausen, trockenschütteln, die Blätter abzupfen. Mit der Limettenschale auf die Suppe streuen.

Dal mit Ingwer
Aufwärmen erlaubt

FÜR VIER: 250 g rote Linsen • 2 grüne Chilischoten • 1 TL Kurkumapulver • 1 Stück frischer Ingwer (1 cm) • 2 Knoblauchzehen • 1 große Zwiebel • 2 grüne Kardamomkapseln • 1 Stück Zimtstange • 2 Gewürznelken • 1 EL Butterschmalz oder geschmacksneutrales Öl • Salz • einige Zweige Koriander

Zeit: 35 Minuten • Kalorien pro Portion: 225

1 Die Linsen in ein Sieb schütten und einen kräftigen Schwall kaltes Wasser drüber laufen lassen. Dann die Linsen mit 3/4 l Wasser in einen Topf füllen. Die Chilischoten waschen und klein schneiden, die Stielansätze dabei wegschneiden. Chilis mit Kurkuma zu den Linsen in den Topf geben, den Deckel drauf, erhitzen und in ungefähr 30 Minuten bei geringer Hitze so richtig gut weich kochen.

2 In der Zeit Ingwer schälen, Knoblauch und Zwiebel auch. Ingwer und Knoblauch schön klein schneiden, die Zwiebel halbieren und in Streifen schneiden. Kardamom, Zimt und Nelken in einer Pfanne ohne Fett ein paar Minuten anrösten, anschließend im Mörser gut zerkleinern. Jetzt das Schmalz oder Öl in die Pfanne geben und Zwiebel und Ingwer bei mittlerer Hitze ungefähr 10 Minuten braten. Knoblauch zugeben, kurz mitbraten.

3 Die zerkleinerten Gewürze und die Zwiebel-Ingwer-Mischung zu den Linsen schütten und gut unterrühren, salzen. Koriander abbrausen, trockenschütteln und die Blätter von den Zweigen zupfen und drauf streuen.

Linsen mit Kokos
Ganz schön flott

FÜR VIER: 200 g rote Linsen • 1 rote Chilischote • 2 Zwiebeln • 2 EL Butterschmalz • je 1 TL Kurkuma- und mildes Paprikapulver • 1 TL Kreuzkümmelsamen (Cumin) • 50 g Kokosraspel • Salz

Zeit: 35 Minuten • Kalorien pro Portion: 285

1 Die Linsen schon mal mit 3/4 l Wasser in einen Topf schütten und heiß machen. Zugedeckt bei geringer Hitze ungefähr 30 Minuten köcheln lassen, bis das Ganze mehr wie Brei ist.

2 In der Zeit die Chili waschen und mit den Kernen in Ringe schneiden, dabei den Stielansatz wegschneiden. Zwiebeln schälen und halbieren, dann in feine Streifen schneiden.

3 Butterschmalz in der Pfanne warm machen. Zwiebeln mit Chili reinrühren und bei mittlerer Hitze ungefähr 10 Minuten braten, bis die Zwiebeln braun werden. Fleißig rühren, damit nichts anbrennt! Die Gewürze untermischen und dann auch die Kokosraspel. Alles noch kurz weiterbraten, bis die Kokosraspel leicht knusprig werden. Unter die Linsen mischen, mit Salz abschmecken, essen.

Hülsenfrüchte

mit Pfiff

Auberginen-Jogurt-Salat

Partytauglich

FÜR VIER:
2 kleinere Auberginen oder 1 größeres Exemplar (etwa 500 g)
1 Tomate
2 Knoblauchzehen
250 g Naturjogurt
1 EL Öl (was gerade da ist, aber geschmacklich nicht zu intensiv)
je 1/2 TL schwarzer bzw. brauner Senf- und Kreuzkümmelsamen (Cumin)
1/2–1 TL Chilipulver
Salz

Zeit: 20 Minuten + 40 Minuten Backen • Kalorien pro Portion: 90

1 Die Aubergine(n) waschen, putzen und aufs Backblech legen. Das Blech in den Backofen (Mitte!) schieben, die Temperatur auf 200 °C stellen. Die Aubergine(n) ungefähr 40 Minuten backen, bis die Haut braun ist und das Fruchtfleisch schön weich. Rausnehmen und abkühlen lassen. Dann die Aubergine(n) halbieren und das Fruchtfleisch aus den Schalen löffeln und klein schneiden.

2 Tomate waschen und auch ganz klein schneiden, dabei den Stielansatz entfernen. Knoblauch schälen und durch die Presse drücken. Aubergine, Tomate und Knoblauch mit dem Jogurt mischen.

3 Öl in einer kleinen Pfanne warm machen, Gewürzsamen darin bei mittlerer Hitze nur ganz kurz anrösten, weil der Senf sonst wegspringt. Das Chilipulver drunter mischen und das gewürzte Öl unter den Auberginen-Jogurt-Salat rühren. Salzen und bis zum Servieren kühl stellen.

Scharfer Mangosalat
Super Beilage zu Huhn und Lamm

FÜR VIER: 1 reife Mango • 2 EL Kokoschips (gibt's im Reformhaus oder Naturkostladen, Ersatz: Kokosraspel) • 1 EL Rosinen • 1 grüne Chilischote • 1/2 TL schwarze bzw. braune Senfsamen • 2 EL Zitronensaft • 2 TL brauner Zucker • Salz • 1 Prise Cayennepfeffer

Zeit: 20 Minuten • Kalorien pro Portion: 90

1 Mango schälen, das Fruchtfleisch vom flachen Kern in der Mitte abschneiden. Das Fleisch rund um den Kern ist meistens ziemlich faserig, das also besser nicht mit abschneiden oder zumindest vorher probieren. Das Mangofleisch in kleine Würfel oder in Spalten schneiden.

2 Die Kokoschips mit 2 EL ganz heißem Wasser mischen. Die Rosinen in ein Sieb schütten und kurz unter dem heißen Wasserstrahl waschen. Chilischote waschen und mit den Kernen in Ringe schneiden, den Stiel dabei aber natürlich abschneiden.

3 Ein kleines Pfännchen warm machen – ohne Fett. Die Senfsamen drin anrösten, dann auch kurz die Chiliringe. Beides in den Mörser schütten und zerdrücken. Den Zitronensaft mit Zucker, etwas Salz und dem Cayennepfeffer verrühren. Und zwar so lang, bis sich der Zucker gelöst hat. Alles, was jetzt schon geschnitten oder eingeweicht ist, damit mischen. Fertig.

Kartoffelsalat mit Minze
Tolles Aroma

FÜR VIER: 600 g fest kochende Kartoffeln • 2 Tomaten • 1/2 Bund Minze • 1 EL Öl (was gerade da ist, aber geschmacklich nicht zu intensiv) • je 1 TL Chili- und Kreuzkümmelpulver (Cumin) • Salz • Pfeffer aus der Mühle • 150 g Naturjogurt • 1 EL Zitronensaft

Zeit: 40 Minuten • Kalorien pro Portion: 150

1 Kartoffeln waschen, samt Schale in einen Topf legen und bis zur Hälfte Wasser angießen. Deckel drauf, zum Kochen bringen und die Kartoffeln bei mittlerer Hitze ungefähr 20 Minuten kochen, bis sie zwar weich, aber nicht zu weich sind. Die Schale sollte nicht aufplatzen. Wasser abgießen, Kartoffeln lauwarm werden lassen.

2 Tomaten waschen und würfeln, Stielansatz dabei gleich wegschneiden. Die Minze unter den kalten Wasserstrahl halten, trockenschütteln, Blättchen von den Zweigen zupfen und grob schneiden. Das Öl im Pfännchen warm machen. Chili und Kreuzkümmel 1 Minute drin rösten, dabei immer rühren. Mit Salz und Pfeffer unter den Jogurt mengen, Zitronensaft dazumischen. Die Kartoffeln schälen, in Achtel schneiden und mit Tomaten, Minze und der Sauce mischen. Und jetzt mal probieren. Könnte nämlich gut sein, dass noch Salz fehlt.

Gurken-Tomaten-Salat
Gut vorzubereiten

FÜR VIER: 1 Salatgurke • 1 Zwiebel • 4 feste Tomaten • 1 grüne Chilischote • je 1/2 Bund Koriander und Minze • 1 Zitrone oder Limette • 1 TL Zucker • Salz

Zeit: 25 Minuten + 1–2 Stunden Marinieren • Kalorien pro Portion: 30

1 Gurke schälen und der Länge nach einmal durchschneiden. Die Kerne sollen jetzt raus, damit der Salat nicht so wässrig wird. Und das geht auch ganz leicht. Einfach mitsamt dem weichen Fleisch mit einem Löffel rausschaben. Den Rest von der Gurke schön klein würfeln. Die Zwiebel schälen und fein würfeln. Die Tomaten waschen und auch ganz klein würfeln, dabei den Stielansatz wegschneiden. Und die gewaschene, entstielte Chilischote ebenfalls fein schneiden (wer nicht so scharf essen will, macht die Kerne vorher raus).

2 Die Kräuter unter den kalten Wasserstrahl halten und trockenschütteln. Die Blättchen von den Zweigen abzupfen und fein hacken. Zitrone oder Limette auspressen. Den Saft mit dem Zucker verrühren und mit allen anderen vorbereiteten Zutaten mischen. Salzen und für 1–2 Stunden in den Kühlschrank stellen. Danach muss man den Salat nur noch mal mischen.

AUCH NICHT SCHLECHT: Den Salat in ausgehöhlten Gurkenhälften servieren.

Gurken-Raita
Tsatsiki auf indisch

FÜR VIER: 1 Salatgurke (sollte nicht gerade die größte sein) • 1 grüne Chilischote • 300 g Naturjogurt (kann man auch nach Belieben mit Sauerrahm mischen) • 1 TL Öl (was gerade da ist, aber geschmacklich nicht zu intensiv) • 1/2 TL Kreuzkümmelpulver (Cumin) • 1/2 Bund Minze • Salz

Zeit: 15 Minuten • Kalorien pro Portion: 70

1 Die Gurke schälen und längs halbieren. Kerne rauskratzen, die Gurke in ganz kleine Würfel schneiden. Chilischote waschen, Stielansatz abschneiden, Schote mit den Kernen ganz fein hacken. Gurke und Chili mit dem Jogurt mischen.

2 Öl in einem Pfännchen warm machen, Kreuzkümmel drin anrösten. Minze abbrausen, trockenschütteln und die Blättchen fein hacken. Minze mit dem Kreuzkümmel unter den Gurkenjogurt mischen. Salzen, fertig.

herrlich

erfrischend

Fleisch & Fisch

Nehm ich jetzt Fisch oder lieber Fleisch? Schwierig, schwierig, wenn alles so unheimlich lecker klingt.

In Indien sind die da ganz raffiniert. Da bekommt man zum Beispiel Thali mit Katoori. Was das ist? Vier bis fünf kleine Schälchen auf einem runden Silbertablett.

Und in jedem Schälchen ist natürlich was anderes drin: verschiedene Hauptgerichte mit Fisch und Fleisch. Dazu auch noch Gemüse und Dal – für jeden Geschmack etwas, immer wieder neu zu kombinieren.

Koriander-Zwiebel-Sauce

FÜR VIER: 400 g Zwiebeln schälen, halbieren und in dünne Streifen schneiden. In 1 EL geschmacksneutralem Öl bei mittlerer Hitze unter Rühren ungefähr 5 Minuten garen.

1/2 Bund Koriander abbrausen, trockenschütteln, die Blätter von den Zweigen zupfen und grob hacken. Mit 2 EL Sahne unter die Zwiebeln mengen. Salzen, pfeffern, fertig.

Schmeckt besonders gut zu Huhn und Fisch.

Mangosauce

FÜR VIER: 2 EL Mango-Chutney (aus dem Glas) kleiner schneiden, wenn große Stücke drin sind. Mit 100 g Sahne in einen kleinen Topf füllen und bei geringer Hitze warm machen.

Je 1/2 TL Chili- und Kurkumapulver untermischen. Nach Belieben noch mit Salz abrunden.

Schmeckt am besten zu Fleisch – ganz egal, welche Sorte es ist.

Spinat-Curry-Sauce

FÜR VIER: 2 kleine TK-Blattspinat-Portionen (à ca. 110 g) aus der großen Packung holen, in einen Topf geben und bei geringer Hitze warm machen.

1/4 l Kokosmilch dazuschütten, 2–3 TL rote, gelbe oder grüne Currypaste einrühren, 5 Minuten sanft köcheln lassen. Mit 1–2 TL Zitronensaft und Salz vollenden.

Schmeckt am besten zu geschnetzeltem Lamm oder zu Huhn.

Gibt Fleisch & Fisch Pfiff

gute 10 Minuten

Kichererbsen und Lamm
Was für kalte Tage

FÜR VIER: 200 g getrocknete Kichererbsen • 500 g Lammfleisch (aus der Keule oder der mageren Brust) • 2 Zwiebeln • 1 Stück frischer Ingwer (2 cm) • 2 rote Chilischoten • 4 Tomaten • 2 EL Butterschmalz • je 1 TL Kurkuma-, Paprika- und Kreuzkümmelpulver • 1 EL Zitronensaft • 1 TL Zucker • Salz • 1–2 TL Garam masala

Zeit: 25 Minuten + über Nacht Einweichen + 1 1/2 Stunden Schmoren • Kalorien pro Portion: 590

1 Kichererbsen in eine Schüssel schütten und so viel Wasser darüber gießen, dass sie ganz davon bedeckt sind. Teller oder Deckel darauf legen, über Nacht einweichen lassen.

2 Dann die Erbsen in einem Sieb abtropfen lassen. Fleisch in 2–3 cm große Würfel schneiden und dabei die größeren Fettstücke und die Sehnen wegschneiden. Zwiebeln und Ingwer schälen und fein schneiden. Chilis waschen, entstielen und mit den Kernen in Ringe schneiden. Tomaten waschen und achteln, dabei Stielansatz wegschneiden. Schmalz im Schmortopf warm machen. Gewürze 1 Minute drin anrösten. Zwiebel, Ingwer und Chili reinrühren. Fleisch und Kichererbsen dazugeben und kurz anbraten, bis das Fleisch nicht mehr rot ist.

3 Tomaten und 1/2 l Wasser dazuschütten, mit Zitronensaft, Zucker und Salz würzen und den Deckel darauf legen. Alles ungefähr 1 1/2 Stunden schmoren – bei mittlerer Hitze –, bis Fleisch und Kichererbsen weich sind. Mit Garam masala abschmecken und servieren.

Lamm in Cashew-Sauce
Ganz fein und ganz mild

FÜR VIER: 800 g Lammkeule (ohne Knochen) • 2 Zwiebeln • 4 Knoblauchzehen • 50 g Cashew-Nüsse • 3 EL Butterschmalz • 4 grüne Kardamomkapseln • 1 Stück Zimtstange • 2 Gewürznelken • je 1 TL Koriander- und Kreuzkümmelpulver (Cumin) • 1 Prise Cayennepfeffer • 1 Döschen Safranpulver • Salz • 100 g Sahne

Zeit: 30 Minuten + 1 Stunde Schmoren • Kalorien pro Portion: 690

1 Fleisch in Würfel schneiden, so groß, dass man sie bequem auf einmal in den Mund schieben kann. Und bei der Gelegenheit alle größeren Fettstücke und auch die festen Sehnen abschneiden. Zwiebeln schälen und auf der Rohkostreibe reiben oder im Mixer klein machen. Knoblauch schälen, Cashew-Nüsse grob hacken.

2 Schmalz im Schmortopf warm machen. Gewürze – bis auf den Safran – einrühren und 1–2 Minuten braten. Zwiebeln dazu, Knoblauch reinpressen, kurz anbraten. Fleisch dazu geben und kurz andünsten. Safran in 1/8 l Wasser anrühren, mit den Cashews dazuschütten. Deckel drauf und das Fleisch 30 Minuten bei geringer Hitze schmoren. Salzen, Sahne untermischen, weitere 30 Minuten schmoren, bis das Fleisch schön weich ist.

Lamm in Aprikosensauce

Schön ungewöhnlich, schön fruchtig

FÜR VIER:
100 g getrocknete Aprikosen
2 grüne Kardamomkapseln
1 Stück Zimtstange
2 Gewürznelken
1 Muskatblüte (Macis)
1 TL schwarze Pfefferkörner
3 Zwiebeln
1 Stück frischer Ingwer (etwa 3 cm)
4 Tomaten
800 g Lammkeule (ohne Knochen)
4 EL geschmacksneutrales Öl oder Butterschmalz
Salz
Chilipulver nach Belieben
einige Koriander- oder Minzeblättchen

Zeit: 35 Minuten + 1 Stunde Einweichen + 1 Stunde Schmoren • Kalorien pro Portion: 630

1 Die Aprikosen in einen Topf legen, kochend heißes Wasser darüber schütten und die Früchte mindestens 1 Stunde einweichen.

2 Kardamom, Zimt, Nelken, Macis und Pfeffer in einem Topf ohne Fett 1–2 Minuten rösten, dann im Mörser fein zerstoßen oder in der Mühle mahlen. Zwiebeln und Ingwer schälen und ganz fein schneiden. Tomaten waschen und würfeln, dabei den Stielansatz wegschneiden. Das Fleisch auch würfeln – mundgerecht – und dabei größere Fettstücke und auch dicke Sehnen wegschneiden. Die Aprikosen im Sieb abtropfen lassen und mit 1/4 l frischem Wasser mit dem Stabmixer pürieren.

3 Öl oder Butterschmalz in einer großen Pfanne warm machen. Fleischwürfel portionsweise darin anbraten, Fleisch beiseite stellen. Dann die Zwiebeln und den Ingwer in der Pfanne braten, zerstoßene oder gemahlene Gewürze dazugeben und auch braten.

4 Die Tomaten und das Aprikosenpüree reinrühren, salzen. Das Fleisch untermischen, Deckel drauf und alles bei geringer Hitze ungefähr 1 Stunde schmoren. Dabei immer mal wieder nachschauen, ob noch genug Flüssigkeit drin ist und bei Bedarf etwas Wasser dazuschütten. Mit Salz und eventuell etwas Chilipulver abschmecken, mit den Kräuterblättchen bestreuen.

Vindaloo
Gar kein Zauber

FÜR VIER:
800 g Lammkeule (ohne Knochen)
1 TL Kreuzkümmelsamen (Cumin)
1 TL schwarze bzw. braune Senfsamen
1 Stück Zimtstange
2 Gewürznelken
2 getrocknete Chilischoten
1 große Zwiebel
4 Knoblauchzehen
1 Stück frischer Ingwer (3–4 cm)
3 EL Weißwein- oder Apfelessig
5 EL Öl (was gerade da ist, aber geschmacklich nicht zu intensiv)
2 TL brauner Zucker
je 1 TL Koriander- und Kurkumapulver
Salz

Zeit: 40 Minuten + 8 Stunden Marinieren + 1 Stunde Schmoren • Kalorien pro Portion: 610

1 Das Fleisch in gulaschgroße Würfel schneiden und dabei größere Fettstücke und auch dickere Sehnen so gut wie möglich wegschneiden.

2 Die ganzen Gewürze in einer heißen Pfanne ohne Fett 1–2 Minuten rösten, dann im Mörser gut zerstoßen oder in der Mühle mahlen. Zwiebel, Knoblauch und Ingwer schälen, grob schneiden und mit dem Essig und 2 EL Öl mit dem Stabmixer fein pürieren. Mit dem Zucker und den vorbereiteten Gewürzen zum Fleisch geben und alles gut mischen. Mindestens 8 Stunden im Kühlschrank marinieren lassen.

3 Dann das übrige Öl erhitzen, Koriander- und Kurkumapulver darin anrösten. Das Fleisch samt Marinade dazugeben und kurz braten. 300 ml Wasser dazuschütten, salzen, Deckel drauf und das Fleisch bei geringer Hitze ungefähr 1 Stunde schmoren.

Jogurthuhn

Ganz was Leichtes

FÜR VIER:
1 Hähnchen (schön fleischig, also nicht zu klein, etwa 1,6 kg)
4 Zwiebeln
6 Knoblauchzehen
4 EL geschmacksneutrales Öl
1 EL Korianderpulver
2 TL grüne Kardamomkapseln
1 TL Cayennepfeffer oder Chilipulver
je 1 Prise Zimt-, Nelken- und Kreuzkümmelpulver (Cumin)
350 g cremiger Naturjogurt
Salz, Pfeffer aus der Mühle

Zeit: 40 Minuten + 45 Minuten Schmoren • Kalorien pro Portion: 900

1 Erst mal das Hähnchen zerteilen. Also die Flügel und die Schenkel abschneiden: das Gelenk suchen, indem man die Teile bewegt, dann sieht man das gleich. An der Stelle das Fleisch mit einem großen scharfen Messer bis zum Knochen einschneiden, dann das Gelenk durchschneiden. Jetzt liegt noch der Rumpf auf dem Küchenbrett. Diesen entlang der Wirbelsäule halbieren und die beiden Hälften jeweils quer in zwei gleich große Stücke teilen. Zum Schluss die Haut von allen Teilen ablösen.

2 Und jetzt wird's einfach: Zwiebeln und Knoblauch schälen und grob zerschneiden. 2 EL vom Öl in einer Pfanne (so groß, dass später auch alles andere rein passt) warm machen. Zwiebeln und Knoblauch unter Rühren ungefähr 15 Minuten bei mittlerer Hitze glasig und weich dünsten.

3 Nun kommen alle Gewürze dazu und werden angeröstet. Dann den Jogurt untermischen und 1/8 l Wasser. Alles gute 10 Minuten schmurgeln lassen. Dann raus aus der Pfanne damit und im Mixer oder in der Küchenmaschine fein pürieren.

4 Die Pfanne mit einem Stück Küchenpapier auswischen, wieder warm machen und das restliche Öl reinschütten. Die Hähnchenteile von beiden Seiten leicht drin anbraten und salzen und pfeffern. Die Jogurtsauce dazuschütten und das Huhn zugedeckt bei geringer Hitze ungefähr 45 Minuten schmoren. Immer mal wieder durchrühren, damit die Sauce nicht anbrennt. Und wenn sie zu dick wird, ein bisschen Wasser dazugießen.

5 Jetzt kann man das Huhn natürlich gleich essen. Noch besser schmeckt es aber, wenn man es in der Sauce abkühlen und ein paar Stunden ziehen lässt. Später einfach wieder warm machen.

Hühnercurry
Geduld ist alles

FÜR VIER: 1 fleischiges Hähnchen (etwa 1,5 kg) • 3 Zwiebeln • 3 Knoblauchzehen • 1 Stück frischer Ingwer (etwa 2 cm) • 2 Tomaten • 2 Chilischoten • 4 EL geschmacksneutrales Öl oder Butterschmalz • 1 Stück Zimtstange • 2–3 Lorbeerblätter • 4 grüne Kardamomkapseln • je 1 TL Fenchel-, Anis- und schwarze bzw. braune Senfsamen • je 2 TL Kurkuma-, Koriander- und Kreuzkümmelpulver (Cumin) • Salz

Zeit: 35 Minuten + 1 1/2 Stunden Schmoren • Kalorien pro Portion: 530

1 Hähnchen mit einem großen scharfen Messer in 8–10 Stücke schneiden und häuten. Zwiebeln, Knoblauch und Ingwer schälen und sehr fein schneiden. Tomaten waschen und achteln, dabei Stielansatz wegschneiden. Die Chilischoten waschen, die Stielansätze abschneiden, die Schoten in dünne Ringe schneiden.

2 Öl oder Schmalz in einer großen Pfanne oder in einem Schmortopf warm machen. Hühnerteile darin von allen Seiten anbraten und wieder rausholen. Alle Gewürze ins Fett rühren und 2 Minuten braten. Zwiebeln, Knoblauch, Ingwer und Chili unterrühren und noch kurz braten.

3 Die Tomaten mit 300 ml Wasser dazuschütten, gut umrühren und salzen. Die Hühnerteile in die Sauce legen, den Deckel drauf und mindestens 1 1/2 Stunden bei geringer Hitze schmurgeln lassen (länger schadet auch nicht). Gelegentlich durchrühren. Abschmecken, schmecken lassen.

Huhn in Mandelsauce
Zur Abwechslung mal mild

FÜR ZWEI: 400 g Hähnchenbrustfilet (ohne Haut) • 2 Zwiebeln • 1 EL Koriandersamen • 2 grüne Kardamomkapseln • 1 getrocknete Chilischote • 3 EL Butterschmalz oder geschmacksneutrales Öl • 2 EL Mandelstifte • 100 g Naturjogurt • 50 g Sahne • Salz

Zeit: 20 Minuten + 45 Minuten Schmoren • Kalorien pro Portion: 505

1 Das Hähnchenbrustfilet in gulaschgroße Würfel schneiden. Zwiebeln schälen und klein würfeln. Die Gewürze im Mörser möglichst fein zerstoßen. In einer Pfanne die Hälfte vom Butterschmalz oder Öl erwärmen. Die Fleischwürfel bei mittlerer Hitze drin anbraten, aber nicht zu braun werden lassen. Wieder rausholen.

2 Übriges Öl oder Schmalz in die Pfanne geben. Zwiebeln kurz drin braten, aber nicht braun werden lassen. Die Sauce soll nämlich schön hell bleiben. Gewürze und Mandeln dazugeben, noch 1–2 Minuten erwärmen.

3 Die Mandel-Gewürz-Mischung mit 100 ml Wasser pürieren (im Mixer oder in einer Schüssel mit dem Stabmixer). Mit Jogurt und Sahne wieder in die Pfanne füllen, salzen und die Fleischwürfel untermischen. Deckel drauf und bei geringer Hitze ungefähr 45 Minuten schmoren.

Hühnchen

aus der Pfanne

Tandoori-Huhn

Red food

FÜR VIER:
2 Hähnchenbrustfilets (à etwa 200 g)
4 Hähnchenkeulen (à etwa 220 g)
Saft von 1 Zitrone
Salz
1 Stück frischer Ingwer (2–3 cm)
3 Knoblauchzehen
je 1 TL Kurkuma-, Koriander-, Paprika- und
Kreuzkümmelpulver (Cumin) sowie frisch geriebene Muskatnuss
je 1/2 TL Chilipulver und Pfeffer aus der Mühle
400 g Naturjogurt
1 kleine Tube rote Lebensmittelfarbe

Zeit: 15 Minuten + über Nacht Marinieren + 40 Minuten Braten • Kalorien pro Portion: 370

1 Die Haut von den Hähnchenstücken ablösen. Die Brustfilets noch einmal quer durchschneiden. Das Fleisch in Abständen von 2–3 cm immer wieder etwa 1/2 cm tief einschneiden. Hähnchenstücke in eine Schüssel legen und mit dem Zitronensaft begießen. Salzen, abdecken und etwa 30 Minuten ziehen lassen.

2 Inzwischen Ingwer und Knoblauch schälen und durch die Presse drücken. Beides mit allen Gewürzen unter den Jogurt mischen, mit der Lebensmittelfarbe schön rot färben. Sauce über die Hähnchenteile gießen und über Nacht im Kühlschrank marinieren.

3 Am nächsten Tag den Backofen auf 180 °C vorheizen. Ein Backblech mit Alufolie auslegen. Die Hähnchenkeulen aus der Marinade nehmen und nebeneinander auf das Blech legen. In den Ofen (Mitte!) schieben und etwa 40 Minuten drin braten. Nach 15 Minuten auch die Hähnchenbrüste aus der Marinade nehmen und mit auf das Blech legen. Während des Bratens das Blech immer mal wieder rausziehen und die Hähnchenteile mit der übrigen Marinade bepinseln. Zwischendurch auch mal umdrehen.

Fleisch in Sahnespinat
Schmeckt mit Huhn, Lamm oder Rind

FÜR VIER: 1 Packung TK-Blattspinat (450 g) • 800 g Hähnchenbrustfilet, Lammkeule oder Rinderfilet • 2 Knoblauchzehen • 1 Stück frischer Ingwer (2–3 cm) • 4 EL Butterschmalz • 1/2 TL Cayennepfeffer oder Chilipulver • 1 TL Kreuzkümmelpulver (Cumin) • je 1 Prise Zimt- und Nelkenpulver • 100 g Naturjogurt • 1/4 l Kokosmilch • 1 EL geriebene, geschälte Mandeln • Salz

Zeit: 35 Minuten (ohne Auftauen) • Kalorien pro Portion: 370

1 Spinat morgens aus der Packung nehmen und in ein Sieb über einer Schüssel legen. Auftauen lassen.

2 Am Abend geht's weiter: Fleisch in mundgerechte Würfel schneiden. Knoblauch und Ingwer schälen und ganz fein hacken. Butterschmalz im Topf oder in der Pfanne warm machen. Fleisch portionsweise darin anbraten, wieder rausholen und in einen Teller oder eine Schüssel füllen.

3 Jetzt kommen Knoblauch, Ingwer und die Gewürze ins übrige Bratfett. Ein paar Minuten gut durchrühren. Spinat dazu, Jogurt, Kokosmilch und Mandeln auch. Deckel drauf und 10 Minuten köcheln lassen. Dann das Fleisch mit dem Saft, der sich gebildet hat, untermischen. Salzen, 10 Minuten köcheln. Abschmecken, fertig.

Pfannen-Hackfleisch
Gut würzig

FÜR ZWEI: 1 Zwiebel • 2 Knoblauchzehen • 1 Stück frischer Ingwer (2–3 cm) • 1 Chilischote • 1/2 Bund Minze • 1 EL geschmacksneutrales Öl • 250 g Hackfleisch (am besten vom Lamm) • 100 g TK-Erbsen (aus der Packung kann man sich ja gut einen Teil rausfischen und den Rest wieder in den Tiefkühler stellen) • 1 EL pikantes Currypulver • 1 EL Zitronensaft • Salz

Zeit: 20 Minuten • Kalorien pro Portion: 430

1 Zwiebel, Knoblauch und Ingwer schälen und fein hacken. Chili waschen, Stielansatz abschneiden, die Schote ganz fein hacken. Minze abbrausen, trockenschütteln, die Blättchen von den Zweigen zupfen und in Streifen schneiden. Ein bisschen was von der Minze zum Drüberstreuen beiseite legen.

2 Öl heiß machen, Zwiebel, Knoblauch, Ingwer und Chili rein und gut anbraten. Hackfleisch dazu und auch braten. So lange, bis es nicht mehr rot und schön in Krümel zerfallen ist. Erbsen dazu sowie 5 EL Wasser, Curry und die Minze. Mit Zitronensaft und Salz abschmecken. Deckel drauf, etwa 10 Minuten schmoren. Die beiseite gelegte Minze draufstreuen.

ganz schön

schnell

Fisch in scharfer Zwiebelsauce
Nicht zum Weinen

FÜR ZWEI: 350 g festes Fischfilet (z. B. Goldbarsch oder Viktoriabarsch) • 3 Zwiebeln • 2 Tomaten • 1 Stück frischer Ingwer (2–3 cm) • 1 rote Chilischote • 1 EL Butterschmalz • je 1 TL Kurkuma-, Koriander- und Paprikapulver • 3 EL Naturjogurt • Salz

Zeit: 40 Minuten • Kalorien pro Portion: 280

1 Fisch in gut 2 cm große Würfel schneiden. Zwiebeln schälen, die Hälfte in Ringe schneiden, den Rest fein reiben oder ganz fein hacken. Tomaten waschen und achteln, dabei Stielansatz wegschneiden. Den Ingwer schälen und reiben. Die Chilischote waschen, Stielende abschneiden und die Schote in Ringe schneiden.

2 Butterschmalz erhitzen, Zwiebelringe darin unter Rühren braten, bis sie schön braun sind. Aber nicht zu dunkel werden lassen! Zwiebelringe rausfischen und auf einem Teller zur Seite stellen.

3 Chili und Gewürze ins verbliebene Fett rühren und 1 Minute anbraten. Geriebene oder ganz fein gehackte Zwiebel, Ingwer, Tomaten, Jogurt und ungefähr 8 EL Wasser dazuschütten, salzen. Gründlich aufkochen lassen. Den Fisch reinlegen, den Deckel drauf und bei mittlerer Hitze ungefähr 10 Minuten ziehen lassen. Die Zwiebelringe drauf. Fertig!

Fisch in Senfsauce
Fix fertig

FÜR ZWEI: 400 g festes Fischfilet (z. B. Rotbarsch, Kabeljau, Seelachs) • 2 Tomaten • 1 Chilischote • 2 TL helles Senfmehl • 2 EL geschmacksneutrales Öl • je 1 TL Kurkuma-, Paprika- und Kreuzkümmelpulver (Cumin) • 4 EL Naturjoghurt • Salz

Zeit: 25 Minuten • Kalorien pro Portion: 365

1 Den Fisch in gulaschgroße Stücke schneiden. Aus den Tomaten den Stielansatz rausschneiden. Tomaten mit kochend heißem Wasser übergießen, kurz drin ziehen lassen, abschrecken, häuten und achteln. Die Chili waschen, Stielansatz wegschneiden, Kerne rausholen, Schote fein hacken. Senfmehl mit 4 EL Wasser anrühren.

2 Das Öl warm machen, Chili mit den Gewürzen reinrühren und ein paar Minuten braten. Jogurt und Tomaten dazuschütten, 5 Minuten kochen lassen. Senfmehl und noch etwa 5 EL Wasser untermischen. Die Sauce mit Salz würzen. Den Fisch reinlegen und Deckel drauf. Bei geringer Hitze ungefähr 5 Minuten ziehen lassen.

Frittierter Fisch mit Limettenjogurt
Macht was her

FÜR ZWEI: je 1/2 TL Kurkuma- und Paprikapulver sowie Pfeffer aus der Mühle • 1/2 TL Kreuzkümmelsamen (Cumin) • 1 Knoblauchzehe • 80 g Kichererbsenmehl • Salz • 400 g festes Fischfilet (kann ruhig was billigeres sein, z. B. Goldbarsch oder Seelachs) • 1 unbehandelte Limette • wer mag: 1 grüne Chilischote • wer hat: ein paar Minzeblättchen • 200 g Naturjogurt • etwa 1/2 l geschmacksneutrales Öl zum Frittieren

Zeit: 25 Minuten • Kalorien pro Portion: 450

1 Für den Teig alle Gewürze in einer Schüssel mischen. Den Knoblauch schälen und durch die Presse dazudrücken. Kichererbsenmehl und etwa 1/2 TL Salz auch dazuschütten. 1/8 l kaltes Wasser abmessen und nach und nach zum gewürzten Mehl gießen, dabei immer mit dem Schneebesen gut rühren.

2 Fisch in mundgerechte Stücke schneiden. Limette waschen und die Hälfte von der Schale hauchdünn abschneiden und mit dem Messer fein hacken. Oder die Schale gleich mit dem Zestenreißer, wenn man den zufällig hat, abziehen. Limette auspressen. Wer mag oder hat: Chili waschen und wie die Minze klein schneiden.

3 Jogurt mit Limettenschale, Salz und 1–2 EL Limettensaft verrühren, eventuell Chili und Minze drunter mischen. Öl in einem Topf heiß machen. Fischstücke in den Teig legen, mit der Gabel rausholen und ins Öl geben. Ein paar Minuten frittieren, bis der Teig goldbraun ist. Abtropfen lassen und mit dem Jogurt essen.

Fisch in Kokos-Limetten-Sauce
Beeindruckend

FÜR ZWEI: 400 g festes Fischfilet (z. B. Viktoriabarsch, Kabeljau, Rotbarsch) • ungefähr 100 g Blumenkohlröschen • Salz • 1 Zwiebel • 1 EL Butterschmalz • 1 TL Kurkumapulver • je 1 Prise Zimt-, Nelken- und Chilipulver • 1/4 l Kokosmilch • Saft von 1 Limette • ein paar Korianderblättchen

Zeit: 30 Minuten • Kalorien pro Portion: 290

1 Den Fisch in mundgerechte Stücke schneiden. Blumenkohlröschen waschen und in kochendem Salzwasser 2 Minuten garen. Ins Sieb schütten, gut kaltes Wasser über die Röschen laufen lassen und zum Abtropfen noch kurz stehen lassen.

2 Zwiebel schälen und ganz fein hacken. Butterschmalz warm machen, Zwiebel drin anrösten. Gewürze dazugeben, Blumenkohl auch. Die Kokosmilch reinschütten und kurz kochen lassen.

3 Limettensaft untermischen, salzen. Den Fisch reinlegen, Deckel drauf und 5 Minuten ziehen lassen – bei geringer Hitze. Zum Schluss die Korianderblättchen drüber streuen.

Fisch mit

Frucht

Vegetarisches

Dass es etliche vegetarische Gerichte gibt und dass die vor allem auch echt abwechslungsreich sind und gut schmecken, das ist in Indien ganz normal. Dort leben einfach viele Menschen, die kein Fleisch essen, weil ihre Religion das verbietet.

Und das ist Grund genug, sich 'ne ganze Menge einfallen zu lassen, damit das Essen nie langweilig wird. Und mit Gemüse und mit Eiern lässt sich wirklich viel machen.

Das kommt uns jetzt zugute. Auch, wenn wir keine Vegetarier sind. Oder etwa doch?

Kokosreis

FÜR VIER: 250 g Langkornreis (z. B. Basmati-Reis) mit 1/2 l Wasser und Salz aufkochen lassen.

Inzwischen 2 EL Öl (geschmacklich nicht zu intensiv) in einer Pfanne erhitzen, 2 TL Kreuzkümmelsamen (Cumin) drin anrösten. 4 EL Kokosraspel dazuschütten und rühren, bis sie goldgelb werden.

Dann die Kokos-Kümmel-Mischung unter den Reis mischen und diesen zugedeckt bei geringer Hitze in etwa 20 Minuten fertig garen.

Gewürzreis

FÜR VIER: 250 g Langkornreis (z. B. Basmati-Reis) mit etwa 1/2 l Wasser und Salz einmal aufkochen, dann zugedeckt bei geringer Hitze in etwa 20 Minuten bissfest kochen.

1 EL Butterschmalz erhitzen. Je 1 kräftige Prise Zimt-, Chili-, Koriander- und Kreuzkümmelpulver (Cumin) drin anrösten. Gewürzschmalz unter den Reis mischen und eventuell noch nachsalzen.

Minzreis

FÜR VIER: 250 g Langkornreis (z. B. Basmati-Reis) mit etwa 1/2 l Wasser und Salz einmal aufkochen, dann zugedeckt bei geringer Hitze in etwa 20 Minuten bissfest kochen.

1/2 Bund Minze abbrausen, trockenschütteln und schön klein schneiden (ohne die Stiele!). Mit 1 EL Butter unter den Reis mischen, mit Salz und Pfeffer aus der Mühle abschmecken.

Schnelle Reisrezepte

gute

20

Minuten

Kichererbsen-Auberginen-Curry

Mit Fladenbrot löffeln

FÜR ZWEI:
1 Aubergine (etwa 250 g)
1 Dose Kichererbsen (240 g)
1 Zwiebel
2 Knoblauchzehen
1 Stück frischer Ingwer (2–3 cm)
1 rote Chilischote
5 EL Öl (was gerade da ist, aber geschmacklich nicht zu intensiv)
je 1 TL Kurkuma- und Kreuzkümmelpulver (Cumin)
2 TL Korianderpulver
1/2 TL Zimtpulver
150 g Naturjogurt
Salz

Zeit: 25 Minuten + 30 Minuten Schmoren • Kalorien pro Portion: 455

1 Aubergine waschen, putzen und in gut 1 cm große Würfel schneiden. Die Kichererbsen in ein Sieb schütten und kaltes Wasser drüberlaufen lassen. Abtropfen lassen.

2 Zwiebel, Knoblauch und Ingwer schälen und schön klein schneiden. Chilischote waschen, Stielansatz abschneiden, die Schote samt den Kernen fein schneiden.

3 Vom Öl 4 EL in eine Pfanne schütten und warm werden lassen. Auberginenwürfel reinrühren und rundherum gut anbraten. Wieder rausholen. Übriges Öl in die Pfanne geben und auch alle Gewürze. Zwiebel, Knoblauch, Ingwer und Chili unterrühren. Kichererbsen, Aubergine, Jogurt und 100 ml Wasser untermischen und zugedeckt bei mittlerer Hitze etwa 30 Minuten schmoren. Dabei immer mal wieder umrühren und eventuell auch noch Wasser dazugießen, bevor was anbrennt. Zum Schluss nur noch das Curry probieren und vielleicht nachwürzen und salzen.

Rote-Bete-Curry mit Mohn
Mal was anderes

FÜR ZWEI: 1 Knolle Rote Bete (etwa 400 g) • 1 rote oder grüne Chilischote • 2 EL geschmacksneutrales Öl • 1 TL schwarze bzw. braune Senfsamen • je 1 TL Kurkuma- und scharfes Paprikapulver • 1 TL Zucker • Salz • 2 EL gemahlener Mohn

Zeit: 15 Minuten + 45 Minuten Garen • Kalorien pro Portion: 245

1 Rote Bete waschen und in einen Topf legen. Wasser dazuschütten, bis die Knolle drin schwimmt. Deckel drauf und heiß machen. Dann die Rote Bete zugedeckt bei mittlerer Hitze ungefähr 30 Minuten kochen, bis sie bissfest ist. Abschrecken, leicht abkühlen lassen, schälen und in etwa 1/2 cm dicke Stifte schneiden.

2 Chili waschen, Stielansatz abschneiden und die Schote in Ringe schneiden. Öl in der Pfanne warm machen, die Senfsamen reinstreuen und kurz rösten. Wenn sie anfangen zu springen (kein Witz!), schnell den Deckel drauf und die Pfanne vom Herd ziehen.

3 Jetzt die Rote Bete reinrühren. Und die Chilischote und Kurkuma, Paprika und Zucker auch reinrühren und anrösten, salzen. Mohn und 1/4 l Wasser dazugeben und alles zugedeckt bei starker bis mittlerer Hitze noch etwa 15 Minuten schmoren, bis die Rote Bete weich ist.

Kichererbsen in Tamarindensauce
Schön säuerlich

FÜR ZWEI: 1 TL Tamarinden-Fruchtfleisch oder 1 TL fertige Tamarinden-Paste (aus dem Glas) • 1 Zwiebel • 1 Knoblauchzehe • 1 Tomate • 2 EL Öl (was gerade da ist, aber geschmacklich nicht zu intensiv) • je 1/2 TL Kurkuma- und Chilipulver • Salz • 1 Dose Kichererbsen (240 g) • einige Korianderblättchen

Zeit: 10 Minuten + eventuell 2 Stunden Ziehen + 15 Minuten Schmoren • Kalorien pro Portion: 455

1 Entweder Tamarinden-Fruchtfleisch in eine Schüssel legen, 1/8 l kochend heißes Wasser drüberschütten. Das Fruchtfleisch 2 Stunden ziehen lassen, bis es weich ist. Dann mit einem Löffel gut zerdrücken. Sieb über eine Schüssel hängen und Fruchtfleisch und Wasser reinschütten. Das Fruchtfleisch gut ausdrücken und wegwerfen, wir brauchen nur die Flüssigkeit. Oder die fertige Paste mit 1/8 l Wasser verrühren.

2 Zwiebel und Knoblauch schälen und fein hacken. Tomate waschen und fein würfeln, dabei Stielansatz wegschneiden. Öl erwärmen, Zwiebel und Knoblauch drin anrösten. Gewürze und Salz dazugeben und einige Minuten mitrösten. Tomate und Tamarindenwasser dranschütten. Erbsen im Sieb waschen, abtropfen lassen und in den Topf geben. Zugedeckt etwa 15 Minuten bei mittlerer Hitze schmoren. Koriander darüber streuen.

STYLE

Linsenreis mit Aprikosen

Safran macht's noch besser

FÜR VIER:
100 g getrocknete Aprikosen, 100 g braune Linsen
200 g Blumenkohlröschen
Salz, 1 Zwiebel, 4 Knoblauchzehen
1 Stück frischer Ingwer (2–3 cm)
2 grüne Chilischoten
4 EL Butterschmalz, 1 Stück Zimtstange
4 Curryblätter (ersatzweise 1 Lorbeerblatt)
2 grüne Kardamomkapseln, 2 Gewürznelken
250 g Langkornreis (z. B. Basmati-Reis)
1 Döschen Safranpulver
1/2 TL Kurkumapulver
100 g rote Linsen, 100 g TK-Erbsen

Zeit: 20 Minuten + 4 Stunden Quellen + 20 Minuten Garen • Kalorien pro Portion: 545

1 Aprikosen mit 350 ml heißem Wasser übergießen und mindestens 4 Stunden quellen lassen. Dann aus dem Wasser fischen, Flüssigkeit aufheben. Aprikosen in kleine Stücke schneiden. Die braunen Linsen in reichlich Wasser 15 Minuten kochen.

2 Inzwischen Blumenkohl in Salzwasser etwa 3 Minuten vorgaren. Zwiebel, Knoblauch und Ingwer schälen und ganz fein hacken. Die Chilischoten waschen, Stielansatz abschneiden, Schoten mit den Kernen in sehr feine Ringe schneiden.

3 Butterschmalz im Topf erhitzen. Zwiebel, Knoblauch, Ingwer und Chili sowie Zimt, Curryblätter, Kardamom und Nelken reinschütten und ein paar Minuten anbraten, dabei immer fleißig rühren. Braune Linsen in einem Sieb abtropfen lassen und mit Reis und Aprikosen dazuschütten. Das Einweichwasser von den Aprikosen und 1/2 l Wasser dazugießen, salzen. Deckel drauf und 10 Minuten bei geringer Hitze garen lassen.

4 Dann Safran untermischen und Kurkuma auch. Rote Linsen, Blumenkohl und Erbsen untermengen, noch mal ungefähr 10 Minuten garen, bis alles bissfest ist. Abschmecken, essen. Am besten mit Minz-Koriander-Jogurt (das Rezept steht auf Seite 76).

Kartoffeln in würziger Tomatensauce

Könnte aus dem Vorrat klappen

FÜR ZWEI: 500 g fest kochende Kartoffeln • 2 Zwiebeln • 2 Knoblauchzehen • 2 getrocknete Chilischoten • 1 TL Kreuzkümmelsamen (Cumin) • 2 EL geschmacksneutrales Öl • 2 EL Tomatenmark • Salz • 1 Prise Zucker • 1 Prise Zimtpulver • einige Korianderblättchen

Zeit: 20 Minuten + 20 Minuten Kochen • Kalorien pro Portion: 300

1 Die Kartoffeln waschen und in einen Topf legen. Zur Hälfte Wasser angießen und zum Kochen bringen. Die Kartoffeln bei mittlerer Hitze zugedeckt in etwa 20 Minuten weich, aber nicht zu weich kochen.

2 Kartoffeln abschütten und so lange ausdämpfen lassen, bis man sie anfassen kann, ohne sich die Finger zu verbrennen. Inzwischen Zwiebeln schälen und auf der Küchenreibe fein reiben. Den Knoblauch schälen und durch die Presse drücken. Chilischoten und Kreuzkümmelsamen im Mörser zerstoßen, mit Zwiebeln und Knoblauch mischen. Kartoffeln schälen und in Würfel schneiden – ungefähr 2 cm groß.

3 Öl im Topf warm machen, Zwiebel-Gewürz-Mischung reinrühren und kurz andünsten. Tomatenmark untermischen und 150 ml Wasser dranschütten. Mit Salz, Zucker und Zimt abschmecken. Kartoffeln unterrühren, zudecken und ungefähr 10 Minuten bei geringer Hitze in der Sauce schmoren. Korianderblättchen drüberstreuen und auf den Tisch stellen. Dazu passt eine der Jogurtsaucen von Seite 76.

Kurkuma-Kartoffeln mit Zwiebeln

Gelb ist Trumpf

FÜR ZWEI: 400 g fest kochende Kartoffeln • 2 Zwiebeln • 1 grüne Chilischote • 2 EL Öl (was gerade da ist, aber geschmacklich nicht zu intensiv) • 1 gestrichener TL Kurkumapulver • Salz

Zeit: 20 Minuten + 20 Minuten Kochen • Kalorien pro Portion: 245

1 Kartoffeln unterm lauwarmen Wasserstrahl abbürsten, in einen Topf legen und zur Hälfte mit Wasser bedecken. Heiß machen und die Kartoffeln bei mittlerer Hitze ungefähr 20 Minuten kochen, bis sie sich mit dem Messer einstechen lassen, aber nicht zu weich sind.

2 Wasser wegschütten. Kartoffeln abkühlen lassen, schälen und längs achteln. Zwiebeln schälen und auch achteln. Chili waschen, den Stielansatz wegschneiden und die Schote mit den Kernen in Ringe schneiden.

3 Öl in einer Pfanne warm machen. Zwiebelachtel bei mittlerer Hitze ungefähr 10 Minuten drin braten, immer mal wieder durchrühren. Kartoffeln und Chili dazugeben und braten, bis die Kartoffeln leicht braun sind. Kurkuma und 1/8 l Wasser dazuschütten, gut umrühren, bis alles gelb ist. Mit Salz abschmecken und essen.

Knollen mit

Würze

Möhren in Kokossauce
So leicht kann's gehen

FÜR ZWEI: 400 g junge Möhren mit Grün • 1 Zwiebel • 2 grüne Kardamomkapseln • 1 Stück Zimtstange • 2 EL Butterschmalz oder geschmacksneutrales Öl • 1/4 l Kokosmilch • 1 EL Zitronensaft • Salz • ein paar Blättchen Koriander oder Petersilie

Zeit: 25 Minuten • Kalorien pro Portion: 170

1 Möhren putzen: Waschen und mit dem Sparschäler dünn schälen oder die Schale mit einem kleinen Messer abschaben. Das Grün rund um den Ansatz gründlich säubern und bis auf etwa 3–4 cm Länge abschneiden. Die Zwiebel schälen und einmal durchschneiden, die Hälften in schmale Streifen schneiden.

2 Kardamom im Mörser oder mit dem Messer leicht zerdrücken. Mit dem Zimt in der Pfanne ohne Fett kurz rösten, wieder rausholen. Schmalz oder Öl in die Pfanne schütten, warm machen und die Zwiebelstreifen reinrühren. Hitze auf mittlere Stufe schalten und die Zwiebeln so ungefähr 5 Minuten braten, bis sie Farbe bekommen. Jetzt kommen die Möhren dazu und die Gewürze auch wieder.

3 Kokosmilch dranschütten und ungefähr 5 EL Wasser und Zitronensaft, salzen. Deckel drauf und die Möhren etwa 5 Minuten schmoren. Kräuterblättchen draufstreuen, fertig.

Kohl mit schwarzem Senf
Fix fertig

FÜR ZWEI: 1/4 Kohlkopf (etwa 250 g) • 1 grüne Chilischote • 2 EL Senföl oder geschmacksneutrales Öl • 2 TL schwarze bzw. braune Senfsamen • 1 EL Kokoschips (gibt's im Reformhaus oder Naturkostladen, Ersatz: Kokosraspel) • Salz • 1 Prise Zucker • ein paar Blättchen Koriander oder Minze

Zeit: 25 Minuten • Kalorien pro Portion: 185

1 Den Kohl waschen und den Strunk rausschneiden. Kohl in schmale Streifen schneiden oder hobeln. Chilischote waschen, Stielansatz abschneiden. Die Schote der Länge nach aufschneiden, die Kerne rauslösen und die Schote in schmale Streifen schneiden.

2 Öl in der Pfanne warm machen und die Senfsamen darin anrösten. Wenn die Samen zu springen anfangen (passiert relativ rasch), gleich den Kohl untermischen und die Chilistreifen auch. Alles bei mittlerer Hitze ungefähr 5 Minuten braten.

3 Kokoschips dazumischen, mit Salz und Zucker würzen und zugedeckt nochmal etwa 5 Minuten schmoren. Zum Schluss die Kräuterblättchen drüberstreuen.

Kichererbsen-Jogurt-Bällchen

Rollen rein wie von selbst

FÜR VIER:
250 g Naturjogurt, 200 g Kichererbsenmehl
1 TL Korianderpulver, Salz, 1 Prise Cayennepfeffer
3 vollreife Tomaten, 1 Stück frischer Ingwer (2–3 cm)
etwa 1/2 l geschmacksneutrales Öl zum Frittieren
1 gestrichener TL Backpulver
2 EL Butterschmalz
1 getrocknete Chilischote, 1 TL Kurkumapulver
1/2 TL Kreuzkümmelpulver (Cumin), 1 Zwiebel

Zeit: 1 Stunde + 4 Stunden Ruhen • Kalorien pro Portion: 330

1 Zuerst geht es um den Teig für die Bällchen. 3 EL Jogurt mit 90 ml Wasser in eine Schüssel füllen und gut verrühren. Mehl mit Koriander, 1/2 TL Salz und Cayennepfeffer vermischen und nach und nach dazuschütten und immer gut weiterrühren. Den Teig – der so dick sein soll, dass man sich gut vorstellen kann, dass er sich zu kleinen Bällen formen lässt – jetzt etwa 10 Minuten lang sehr gut durchrühren und anschließend etwa 4 Stunden zugedeckt in Ruhe lassen.

2 Dann für die Sauce die Tomaten waschen, den Stielansatz keilförmig rausschneiden. Kochend heißes Wasser über die Tomaten gießen, ein paar Minuten ziehen lassen. In ein Sieb schütten und kaltes Wasser drüberlaufen lassen. Haut abziehen, Tomaten würfeln und zerdrücken – mit dem Kartoffelstampfer zum Beispiel. Den Ingwer schälen und fein reiben.

3 Zum Frittieren das Öl heiß machen. Das Backpulver gründlich unter den Teig arbeiten. Den Teig mit angefeuchteten Händen zu kleinen Bällchen formen. Oder man sticht einfach Stücke ab und frittiert sie so, wie sie aussehen (dann werden es halt keine Bällchen). In jedem Fall die Teigstücke im heißen Fett portionsweise frittieren, bis sie schön braun sind. Rausholen und auf Küchenpapier gut abtropfen lassen.

4 Vom Butterschmalz 1 EL warm machen. Chilischote im Mörser zerstoßen und mit Ingwer, Kurkuma und Kreuzkümmel drin anrösten. Tomaten dazugeben, übrigen Jogurt und 1/8 l Wasser auch. Salzen. Jetzt die Bällchen reinlegen und die Hitze auf mittlere Stufe schalten. Deckel drauf und 20 Minuten schmoren lassen.

5 In der Zeit die Zwiebel schälen und einmal durchschneiden, die Hälften in dünne Streifen schneiden. Restliches Butterschmalz warm machen und die Zwiebelstreifen darin bei mittlerer Hitze braten, bis sie weicher werden. Dann die Hitze hochschalten und die Zwiebeln weiterbraten, bis sie knusprig sind. Über die Bälle streuen oder extra dazustellen.

Spinat mit Paneer
Ein Lieblingsessen

FÜR ZWEI: 1 Packung TK-Blattspinat (300 g) • 1 Zwiebel • 2 Knoblauchzehen • 150 g Paneer (wie man den macht, steht auf Seite 10; oder stattdessen milden Schafskäse oder Tofu nehmen) • 2 EL geschmacksneutrales Öl • je 1/2 TL Koriander-, Kurkuma- und Kreuzkümmelpulver (Cumin) • 100 g Sahne • Salz • 1 Prise Zucker

Zeit: 30 Minuten (ohne Auftauen und Paneer machen) • Kalorien pro Portion: 595

1 Schon morgens den Spinat aus der Packung nehmen und in einem Sieb auftauen lassen. Dann die Zwiebel und den Knoblauch schälen, die Zwiebel einmal durchschneiden und jede Hälfte in feine Streifen schneiden. Den Knoblauch ganz klein hacken. Den Paneer in mundgerechte Würfel schneiden.

2 Das Öl in einer Pfanne warm machen. Zwiebel und Knoblauch in die Pfanne schütten, kurz braten. Gewürze mischen und darüber streuen, auch kurz anbraten. Dann den Spinat ein bisschen auseinanderzupfen und ebenfalls dazugeben. Die Sahne und 50 ml Wasser dranschütten, ungefähr 10 Minuten zugedeckt schmurgeln lassen. Mit Salz und Zucker würzen.

3 Zum Schluss noch den Paneer druntermischen oder einfach nur darauf legen. Noch mal für 5 Minuten den Deckel auf die Pfanne legen, bis der Paneer richtig schön heiß ist. Und fertig ist das Ganze.

Eiercurry
Ganz schön billig

FÜR ZWEI: 4 Eier • 1 Dose Tomaten (400 g) • 1 EL helle Sesamsamen • 2 EL Kokosraspel • 1 TL Koriandersamen • 1–2 getrocknete Chilischoten • 1 EL geschmacksneutrales Öl • 1 TL Zucker • 1 EL Limetten- oder Zitronensaft • Salz • ein paar Korianderblättchen

Zeit: 35 Minuten • Kalorien pro Portion: 390

1 Zuerst mal die Eier in Wasser legen, zum Kochen bringen und ungefähr 10 Minuten kochen. Die Eier kalt abschrecken und auskühlen lassen. Inzwischen die Tomaten samt dem Saft pürieren. Sesam, Kokos und Koriandersamen in einer Pfanne ohne Fett bei mittlerer Hitze so lange hin und her rühren, bis die Kokosraspel gut Farbe bekommen haben. Chili untermischen, alles in den Mörser schütten und fein zerkleinern.

2 Öl in einer Pfanne warm machen, Kokos-Gewürz-Mischung kurz drin anbraten. Tomatenpüree dazugeben, Zucker, Limetten- oder Zitronensaft und Salz auch und offen etwa 10 Minuten köcheln lassen, bis das Ganze schön dickflüssig ist. Eier schälen, vierteln und in die Sauce legen. Deckel drauf und die Eier in 5 Minuten warm machen. Die Korianderblättchen darüber streuen.

mal was

anderes

Gemüse in Linsensauce

Macht satt und glücklich

FÜR ZWEI:
100 g rote oder gelbe Linsen
1/2 TL Kurkumapulver
1 1/2 TL Tamarinden-Fruchtfleisch oder 1 1/2 TL fertige Tamarinden-Paste (aus dem Glas)
2 Möhren
100 g grüne Bohnen
1 ganz kleiner Blumenkohl, 1 Zwiebel
2 Knoblauchzehen
2 EL geschmacksneutrales Öl
1/2 TL schwarze bzw. braune Senfsamen, 1/4 TL Bockshornkleesamen
1 TL Chilipulver, Salz
ein paar Korianderblättchen

Zeit: 50 Minuten • Kalorien pro Portion: 310

1 Linsen mit 375 ml Wasser und Kurkuma in einen Topf schütten und heiß machen. Deckel drauf und die Linsen bei geringer Hitze in etwa 30 Minuten musig kochen.

2 Während die Linsen kochen, Tamarinden-Fruchtfleisch in eine Schüssel geben und 1/8 l kochend heißes Wasser drüber schütten. In 15 Minuten weich werden lassen. Oder die fertige Tamarinden-Paste einfach mit 1/8 l Wasser verrühren.

3 Möhren schälen und in Würfel schneiden. Die Bohnen waschen, Enden abschneiden, Bohnen halbieren oder dritteln. Blumenkohl waschen und in Röschen teilen. Die Zwiebel schälen, halbieren und in Streifen schneiden. Den Knoblauch schälen und ganz fein hacken.

4 Öl in einer Pfanne heiß werden lassen. Senfsamen reinrühren und nur ganz kurz braten (die fangen sonst gleich an zu springen). Den Bockshornkleesamen dazugeben und kurz braten, dann Zwiebel und Knoblauch unterrühren. Chilipulver auch dazugeben und das Gemüse.

5 Dann entweder das eingeweichte Tamarinden-Fruchtfleisch durch ein Sieb streichen, die faserigen Teile im Sieb wegschütten, das durchgestrichene Fruchtfleisch und das Einweichwasser zum Gemüse schütten. Oder die mit Wasser verrührte Tamarinden-Paste dazugießen. Deckel drauf, alles etwa 10 Minuten köcheln lassen.

6 Jetzt die Linsen kurz mit dem Stabmixer pürieren und dazuschütten. Salzen und noch ungefähr 10 Minuten garen, bis das Gemüse bissfest ist. Dabei immer mal wieder durchrühren, damit nichts anbrennt. Zum Schluss die Korianderblättchen draufstreuen.

Pilzcurry
Superschnell

FÜR ZWEI: 1 Bund Koriander • 2 Knoblauchzehen • 1 Stück frischer Ingwer (2–3 cm) • 300 g eher kleinere Champignons oder Egerlinge • 1 EL geschmacksneutrales Öl • 1–2 TL rote, gelbe oder grüne Currypaste • 150 g Naturjogurt • Salz

Zeit: 20 Minuten + 10 Minuten Schmoren • Kalorien pro Portion: 130

1 Koriander unter den kalten Wasserstrahl halten, gut trockenschütteln und die Blättchen von den Zweigen zupfen. Ein paar davon für später beiseite legen, den Rest ganz fein hacken. Knoblauch und Ingwer schälen und beides durch die Presse zum Koriander drücken. (Ja, den Ingwer auch durchpressen. So kriegt man nur den Saft und der würzt fast noch feiner als die gehackte Wurzel.)

2 Ein Stück Küchenpapier leicht feucht machen, also einfach ein paar Tropfen Wasser drauf tröpfeln lassen. Die Pilze damit abreiben, so geht der Schmutz gut ab. Und die Stielenden noch abschneiden.

3 Das Öl in der Pfanne warm werden lassen. Die Pilze reinrühren und ein paar Minuten lang bei eher starker Hitze anbraten. Koriandermischung dazugeben, Currypaste auch und Jogurt auch. Salzen und zugedeckt bei mittlerer Hitze ungefähr 10 Minuten schmoren lassen. Beiseite gelegte Korianderblättchen darüber streuen.

Würziger Rahmspinat
Schneller geht's fast nicht

FÜR VIER: 1 rote Chilischote • 1 Stück frischer Ingwer (2–3 cm) • 2 Knoblauchzehen • 1 EL Butterschmalz • 1 Packung TK-Rahmspinat (600 g) • 1–2 TL Garam masala • Salz

Zeit: 20 Minuten • Kalorien pro Portion: 70

1 Die Chili waschen und den Stielansatz wegschneiden, Ingwer und Knoblauch schälen. Alles ganz fein schneiden, am allerbesten mit dem Wiegemesser.

2 Butterschmalz im Topf warm machen, Chili, Ingwer und Knoblauch darin anrösten. Den Spinat dazugeben und zugedeckt bei geringer Hitze auftauen lassen. Garam masala dranrühren und mit Salz abschmecken.

Beilagen, Brote, Saucen

Herrlich frische Jogurtsaucen, fruchtig-würzige Chutneys und Sambals, aromatisch-duftende Fladen – in ihnen steckt das wahre Geheimnis der indischen Küche. Sie stehen von Anfang an mit auf dem Tisch und werden bis zum Ende mitgelöffelt.

Das Wichtigste aber ist immer noch der Reis – mit Safran drin oder anderen feinen Gewürzen. Davon kann es nie genug geben, denn er macht satt und Scharfes milder. Also für genügend Nachschub aus der Küche sorgen.

Minz-Koriander-Jogurt

FÜR VIER: Je 1 Bund Minze und Koriander abbrausen, trockenschütteln und die Blättchen fein hacken. Kräuter mit 200 g Naturjogurt verrühren.

Jogurt mit 1/2 TL Kreuzkümmelpulver (Cumin), 1 Prise Cayennepfeffer oder Chilipulver und Salz abschmecken.

Passt zwar immer, aber besonders gut zu Lamm und Huhn und zu goldbraun frittierten Vorspeisen.

TIPP: Der Jogurt schmeckt noch besser, wenn man ihn etwa 1 Stunde kühl stellt.

Gewürzjogurt

FÜR VIER: 1 getrocknete Chilischote und 1/2 TL Fenchelsamen im Mörser zerstoßen. Mit je 1 Prise Zimt-, Kurkuma- und Korianderpulver in 1 EL Öl (was gerade da ist, aber geschmacklich nicht zu intensiv) kurz anrösten.

Gewürzöl kurz abkühlen lassen und dann mit 300 g Naturjogurt mischen. Salzen, fertig.

Passt wirklich immer und überall!

Bananenjogurt

FÜR VIER: 1 kleine Banane schälen, grob schneiden und mit 300 g Naturjogurt im Mixer pürieren. Mit 2 TL Zitronensaft und 1 TL Garam masala würzen. Mit Salz abschmecken.

Passt zwar immer, harmoniert aber am allerbesten mit Fleischgerichten.

Die passen immer

gute

5

Minuten

Safran-Pistazien-Reis

Einfach königlich

FÜR VIER:
300 g Basmati-Reis oder anderer Langkornreis
1 Döschen Safranfäden oder genau so viel Safranpulver
40 g Pistazienkerne
1 EL Butterschmalz
1 Stück Zimtstange
5 grüne Kardamomkapseln
Salz

Zeit: 35 Minuten • Kalorien pro Portion: 315

1 Anders als beim italienischen Risotto wird der Reis gewaschen, wenn er indisch zubereitet wird. Er soll nämlich schön locker werden und das wird er nur, wenn man die Stärke vor dem Garen abspült. Also Reis in ein Sieb geben und so lange kaltes Wasser darüber laufen lassen, bis es klar abläuft. Reis abtropfen lassen. Den Safran mit 3 EL warmem Wasser verrühren – die Fäden vorher zwischen den Fingern zerreiben.

2 Die Pistazien auf dem Holzbrett mit dem großen Messer etwas kleiner hacken. Das Butterschmalz im Topf zerlaufen lassen. Pistazien, Zimtstange und Kardamomkapseln unter Rühren darin braten, dann den Reis auch mitrühren und -braten.

3 Jetzt den angerührten Safran und etwa 600 ml Wasser dazuschütten und zum Kochen bringen. Reis salzen und zugedeckt bei geringer Hitze ungefähr 20 Minuten sanft garen.

Hefeteigfladen
In Indien auch unter Naan bekannt

FÜR 4 FLADEN: 1 TL Trockenhefe (am besten eine, die nicht vorher angerührt werden muss) • 400 g Mehl • 1 Prise Zucker • 1 TL Salz • 2 EL Butterschmalz • 100 ml lauwarme Milch • 100 g Naturjogurt • 1 Ei

Zeit: 40 Minuten + 1 Stunde Gehen • Kalorien pro Fladen: 435

1 Hefe, Mehl, Zucker und Salz in einer Schüssel vermischen. Butterschmalz in kleine Stücke schneiden, mit der Milch, dem Jogurt und dem Ei zum Mehl in die Schüssel füllen. Alles mit den Knethaken sehr gut durchkneten. So lange, bis der Teig schön glatt und geschmeidig ist. Ein Tuch drüberdecken und den Teig an einen warmen Ort stellen und ungefähr 1 Stunde gehen lassen.

2 Dann den Teig vierteln und jedes Viertel erst birnenförmig formen (ein Naan soll nämlich wie ein Tropfen aussehen), bevor man es ausrollt – auf wenig Mehl und ungefähr 1/2 cm dick.

3 Wenn alle Teigviertel ausgerollt sind, den Backofen auf 225 °C vorheizen, dabei das Backblech mit in den Ofen schieben (dann werden die Brote später auch unten schön braun).

4 Das Blech aus dem Ofen nehmen, Backpapier darauf legen und die Fladen auch. Im Ofen (Mitte!) etwa 8 Minuten backen. Und dann die Naans ganz frisch servieren – z. B. zu gemischten Vorspeisen oder anderem.

Chapatis
Fladen zum Vorspeise löffeln

FÜR 8 FLADEN: 120 g Weizenvollkornmehl • 80 g Mehl (Type 405) • 1 TL Salz • 1 EL Butterschmalz

Zeit: 40 Minuten + 30 Minuten Ruhen • Kalorien pro Chapati: 90

1 Mehl mit dem Salz in einer Schüssel mischen. Butterschmalz würfeln und dazu legen. 1/8 l lauwarmes Wasser abmessen und nach und nach unterkneten. Der Teig soll glatt und geschmeidig sein.

2 Und damit die Chapatis später in der Pfanne so richtig gut gelingen, wird der Teig jetzt auf der Arbeitsfläche mindestens 10 Minuten lang ganz kräftig durchgeknetet. Dann rund rollen, wieder in die Schüssel legen, ein Küchentuch nass machen, auswringen und darüber decken. Den Teig 30 Minuten in Ruhe lassen.

3 Teig danach noch mal durchkneten. Dann in 8 gleich große Kugeln teilen und jeweils auf wenig Mehl schön dünn und rund ausrollen. Ein schwere Pfanne (Gusseisen wäre besonders gut) auf den Herd stellen und bei starker Hitze richtig heiß machen. Nun auf mittlere Hitze zurückschalten. Fladen nach und nach reinlegen und 2 Minuten braten, umdrehen und noch mal 2 Minuten in der Pfanne lassen.

Gefüllte Brote

Mit Salaten und Jogurtsauce ein ganzes Essen

FÜR 16 BROTE:
200 g Mehl
2 EL Butterschmalz
Salz
1 dünne Stange Lauch
1–2 rote Chilischoten
150 g aufgetaute TK-Erbsen
je 1/2 TL Koriander-, Paprika- und Kreuzkümmelpulver (Cumin)
etwa 1/2 l geschmacksneutrales Öl zum Frittieren

Zeit: 1 Stunde • Kalorien pro Brot: 85

1 Mehl in eine Schüssel schütten. 1 EL Schmalz in kleine Stückchen schneiden und mit etwas Salz und 100 ml kaltem Wasser zum Mehl geben. Alles gut verkneten und den Teig zugedeckt 30 Minuten in Ruhe lassen.

2 Inzwischen Lauch putzen, längs einschneiden, waschen und ganz fein hacken. Chilischoten waschen, Stielansatz wegschneiden und die Schoten auch fein hacken. Erbsen aufs Brett legen und mit dem großen Messer mehrmals grob drüberhacken.

3 Das restliche Schmalz warm machen. Lauch und Chili darin andünsten, Erbsen dazugeben und ein paar Minuten mitbraten. Mit Koriander, Paprika, Kreuzkümmel und Salz würzen, abkühlen lassen.

4 Teig noch mal durchkneten. In 16 Stücke teilen und jeweils rund formen und ausrollen. In die Mitte der Teigkreise die Lauch-Erbsen-Masse verteilen. Teigkreise zusammenklappen, Ränder fest zusammendrücken und noch mal mit dem Nudelholz drüberrollen. Aber nicht zu fest, sonst platzt der Teig und die Füllung kommt raus.

5 Das Öl in einem großen Topf heiß machen. Die gefüllten Brote darin portionsweise schön braun frittieren. Rausheben, abtropfen lassen und warm essen.

Gurken-Sambal

Ausnahmsweise mal nicht scharf

FÜR VIER: 1/2 Salatgurke • Salz • 2 Knoblauchzehen • 1 kleine Zwiebel • 1 TL Fenchelsamen • 1 TL Zucker • 4 EL milder Essig (z. B. Reis- oder Apfelessig)

Zeit: 20 Minuten • Kalorien pro Portion: 20

1 Gurkenhälfte mit dem Sparschäler schälen und der Länge nach durchschneiden. Die Kerne aus der Mitte mit einem Löffel rauskratzen. Die Gurke in winzige Würfel schneiden und in einer Schüssel mit 1/2 TL Salz mischen. Ein Weilchen stehen lassen.

2 In der Zeit schon mal den Knoblauch schälen und die Zwiebel auch. Beides ganz fein schneiden und mit den Fenchelsamen und dem Zucker im Mörser zu einer feinen Paste zerdrücken.

3 In der Schüssel mit den Gurken hat sich jetzt wahrscheinlich Flüssigkeit angesammelt, diese abgießen. Die Zwiebelpaste mit dem Essig zu den Gurken geben. Probieren, eventuell noch salzen. Gurken-Sambal bis zum Essen in den Kühlschrank stellen.

Minz-Chutney

Ganz ohne Kochen

FÜR VIER: 1–2 Bund Minze (je nach Größe) • 1–2 grüne Chilischoten • 1 Zwiebel • 1 Stück frischer Ingwer (etwa 1 cm) • 1 TL Zucker • 2–3 EL Zitronensaft • Salz

Zeit: 15 Minuten + 1 Stunde Kühlen • Kalorien pro Portion: 10

1 Minze unter den kalten Wasserstrahl halten und gut trockenschütteln. Blättchen von den Zweigen zupfen und grob hacken. Chilischoten waschen und die Stielansätze abschneiden, die Schoten grob zerkleinern. Die Zwiebel schälen und den Ingwer auch und beides grob schneiden.

2 Alle diese Zutaten mit dem Zucker und 3 EL Wasser pürieren (Mixer oder Stabmixer!). Mit Zitronensaft und Salz abschmecken und mindestens 1 Stunde in den Kühlschrank stellen.

erfrischend &

würzig

Kokosnuss-Chutney
Ganz was Besonderes

FÜR VIER: 1 Stück Kokosnussfleisch (etwa 200 g, zur Not gehen aber auch Kokosraspel) • 1 grüne Chilischote • 1/2 Bund Koriander • 1 kleine Zwiebel • 125 g Naturjogurt • 1 EL Zitronensaft oder milder Essig • 2 EL Sesamöl • 2 TL schwarze bzw. braune Senfsamen • Salz • 1/2–1 TL Chilipulver

Zeit: 20 Minuten • Kalorien pro Portion: 255

1 Die braune Haut vom Kokosnussfleisch ablösen, das Kokosstück in kleinere Stücke brechen. Chilischote waschen, Stielansatz abschneiden, die Schote in Stücke schneiden. Koriander unter den kalten Wasserstrahl halten, trockenschütteln und die Blättchen von den Zweigen abzupfen. Zwiebel schälen und grob hacken.

2 Kokosstückchen, Chilischote, Koriander, Zwiebel und Jogurt in den Mixer schütten und gründlich durchmixen, bis alles ein feines Püree ist. Wenn das Ganze zu trocken aussieht, noch etwas heißes Wasser dazuschütten. Püree mit dem Zitronensaft oder dem Essig mischen.

3 Öl mit den Senfsamen in einem kleinen Pfännchen warm machen. Sobald die Samen zu springen anfangen, Pfanne vom Herd ziehen. Öl und Samen unter das Kokosnuss-Chutney mischen, mit Salz und dem Chilipulver würzen. Und bis zum Servieren in den Kühlschrank stellen (hält sich dort übrigens auch gut noch einen Tag).

Mango-Chutney
Ein echter Klassiker

FÜR VIER: 1 große Mango (die kann ruhig noch ein bisschen hart sein) • 2 rote Chilischoten • 3 EL Zucker • je 1 TL Koriander-, Kurkuma- und Kreuzkümmelpulver (Cumin) sowie schwarze bzw. braune Senfsamen • je 1/4 TL Nelken- und Zimtpulver sowie frisch geriebene Muskatnuss • Salz

Zeit: 20 Minuten + 10 Minuten Kochen • Kalorien pro Portion: 85

1 Die Mango schälen. Dann das Fruchtfleisch nach und nach abschneiden, bis man an das faserige Fleisch rund um den Kern kommt. Das besser nicht mitverwenden. Das abgelöste Mangofleisch in kleine Würfel schneiden. Chilischoten waschen, Stielansätze abschneiden. Die Schoten der Länge nach durchschneiden, Kerne entfernen und die Schoten in feine Streifen schneiden.

2 Mango, Chili, Zucker und alle Gewürze in einem Topf mit 1/8 l Wasser mischen. Aufkochen und bei geringer Hitze etwa 10 Minuten köcheln lassen, bis alles dickflüssig wird. Abkühlen lassen und mit Salz abschmecken. Und wer das Chutney länger aufheben will, füllt es kochend heiß in ein Schraubglas und verschließt es gut.

Tomaten-Chutney
Schön und gut

FÜR VIER: 500 g Tomaten • 1 Zwiebel • 4 Knoblauchzehen • 1 grüne Chilischote • 2 EL geschmacksneutrales Öl • 100 g Zucker • 1/2 TL Kreuzkümmelpulver (Cumin) • Salz

Zeit: 15 Minuten + 15 Minuten Kochen • Kalorien pro Portion: 175

1 Die Tomaten waschen und in kleine Würfel schneiden, die Stielanätze bei der Gelegenheit gleich rausschneiden. Zwiebel und Knoblauch schälen und ganz fein hacken. Chilischote waschen und den Stielansatz wegschneiden. Die Schote mit den Kernen ganz klein schneiden.

2 Öl im Topf warm machen, Zwiebel, Knoblauch und Chili reinrühren. Tomaten und Zucker dazugeben, den Kreuzkümmel und etwas Salz auch. Alles ohne Deckel bei geringer Hitze ungefähr 15 Minuten köcheln lassen. Das Chutney soll dick wie Ketschup werden. In eine Schüssel oder ein Glas füllen und auskühlen lassen.

Apfel-Chutney
Vorrat anlegen

FÜR SECHS: 500 g säuerliche Äpfel • 1 grüne Chilischote • 1 EL Butterschmalz • je 1/2 TL Bockshornklee-, Kreuzkümmel-, Fenchel- und schwarze bzw. braune Senfsamen • 1 TL Kurkumapulver • 5 EL milder Essig • 2 EL brauner Zucker • Salz

Zeit: 10 Minuten + 30 Minuten Kochen • Kalorien pro Portion: 90

1 Äpfel schälen und vierteln. Kernhaus rausschneiden, das Fruchtfleisch würfeln. Chilischote waschen, Stielansatz entfernen, die Schote samt den Kernen klein schneiden.

2 Butterschmalz in einem Topf erhitzen. Die Gewürzsamen darin etwa 1 Minute rösten. Äpfel und Chili dazugeben, kurz durchrühren. Kurkuma, Essig und Zucker untermischen, 50 ml Wasser dazuschütten, salzen.

3 Chutney offen bei geringer Hitze etwa 30 Minuten kochen, bis eine dickflüssige Masse entstanden ist, dabei immer mal wieder durchrühren. Entweder heiß in ein Einmachglas füllen und verschließen oder in einem Schälchen abkühlen lassen.

schön

fruchtig

Süßes zum Schluss

Jetzt haben wir den ganzen Abend in einem Universum von Gewürzen und Aromen geschwelgt – mal mehr, mal weniger Schärfe inklusive. Da haben wir uns danach wirklich noch was Feines verdient. Was Fruchtiges oder was Sahniges oder auch einfach nur was Süßes.

Möhrenhalva

FÜR VIER: 500 g Möhren schälen und raspeln. 40 g getrocknete Aprikosen würfeln, mit heißem Wasser übergießen und kurz ziehen, dann abtropfen lassen.

Aprikosen mit 4 EL Mandelsplitter in 2 EL Butterschmalz anrösten. Je 1 kräftige Prise frisch geriebene Muskatnuss, Kardamom- und Zimtpulver dazugeben. Möhren untermischen. 3/8 l Milch und 4 EL braunen Zucker darunter rühren, etwa 15 Minuten bei geringer Hitze köcheln lassen, bis eine eher trockene Masse im Topf ist, zwischendurch immer mal durchrühren.

Möhrenhalva ein wenig abkühlen lassen und warm essen oder das Halva ganz kalt verspeisen.

Süße Nudeln

FÜR VIER: 50 g Suppennudeln mit 1 Stück Zimtstange und 1 grünen Kardamomkapsel in 3/4 l Milch aufkochen. 1 EL gemahlene Mandeln unterrühren und etwa 10 Minuten bei geringer Hitze köcheln lassen.

Den Zimt und Kardamom entfernen. 100 g Sahne, 2 EL Zucker und 1 Messerspitze Safranpulver untermischen und noch kurz köcheln lassen.

Die süßen Nudeln in kleine Schälchen füllen und mit fein geschnittener unbehandelter Zitronenschale garnieren.

Pistazien-Rosinen-Reis

FÜR VIER: 2 EL Rosinen heiß waschen und ein wenig quellen lassen. 1 EL gehackte Pistazien in 1 EL Butterschmalz anrösten. 100 g Milchreis (Rundkornreis), 1 EL Kokosraspel und 1 l Milch dazuschütten.

Mit 80 g Zucker, 1 Prise frisch geriebener Muskatnuss und etwas Zimtpulver mischen. Bei geringer Hitze etwa 20 Minuten köcheln lassen, dabei immer wieder umrühren, damit der Reis nicht anbrennt.

Zum Schluss die Rosinen untermischen und den Reis mit wenig gehackten Pistazien bestreuen.

Gewürzeis

FÜR VIER: 1 l Milch mit 1 Stück Zimtstange, 5 grünen Kardamomkapseln und 1 Gewürznelke zum Kochen bringen und bei geringer Hitze etwa 30 Minuten einköcheln lassen. Zimt, Kardamom und Nelke entfernen.

1/2 EL Speisestärke – mit etwas kaltem Wasser angerührt – untermischen und einmal aufkochen lassen. 50 g Zucker in der heißen Flüssigkeit auflösen. 3 EL gehackte Pistazien und etwas abgeriebene unbehandelte Zitronenschale unterrühren. Die Masse in einer Schüssel im Gefrierfach fest werden lassen.

Das Gewürzeis mit einzelnen frischen Früchten oder einem bunt gemixten Obstsalat servieren.

Mangocreme

FÜR VIER: 200 g Mangopulp (das ist püriertes Mangofruchtfleisch, gibt es in der Dose im Asienladen) mit 200 g steif geschlagener Sahne und ein wenig abgeriebener unbehandelter Zitronenschale vermischen.

Mangocreme in Dessertschälchen füllen und mit wenig fein gehackten Pistazien bestreuen.

Register von a–z

Die Basic family
rund ums Kochen + Backen
Party Basics
GU
3-7742-3221-0
Natural Basics
GU
3-7742-3270-9
Italian Basics
GU
3-7742-2005-0
Basic baking
GU
3-7742-1642-8
Basic cooking
GU
3-7742-1142-6
Mini Basic
Indien
GU
3-7742-3250-4
Mini Basic
New York Deli
GU
3-7742-3247-4
Mini Basic
drinks
GU
3-7742-2716-9
Mini Basic
noodles
GU
3-7742-2715-2
Mini Basic
seafood
GU
3-7742-2713-6
NEU
Asian Basics
GU
3-7742-4910-5
NEU
Wine Basics
GU
3-7742-4936-9
GU
Gutgemacht. Gutgelaunt.

Impressum

Die Autorin: **Cornelia Schinharl**
(cornelia.schinharl@t-online.de).
Alle kennen sie – vom Mini-Basic SCHARF, vom Mini-Basic SEAFOOD, als Rezeptautorin von BASIC BAKING, ITALIAN BASICS und PARTY BASICS. Mit ihr indisch zu kochen, verspricht jede Menge Spaß, Genuss und Erfolg.

Bildnachweis

Alexander Walter: Foodfotos, Produktfotos S. 15, 33, 55, 77; **Alexander Walter (Archiv):** S. 10; **Foodfotografie Eising:** Titelmotiv

Image Bank:
Lisl Dennis, S. 2; **Benn Mitchel,** S. 21 (Gewürze); **Gerard Champlong,** S. 65 (Reis und Gewürze)

Laif:
Gernot Huber, S. 4, 6, 9, 21 (Limetten), 27 (Gemüsestand), 35, 65 (Mädchen), 73 (Gewürzsack), 87; **Werner Gartung,** S. 27 (Apfelstand); **Anna Neumann,** S. 5, 49 (Chilis), 81 (Fladenbäcker); **Peter Bialobrzeski,** S. 49 (Fischer); **David Bathgate,** S. 59 (Marktfrau); **Axel Krause,** S. 59 (Frauen im Wasser); **Paul Hahn,** S. 73 (Frau im Reisfeld); Michael Riehle, S. 81 (Mann mit Waage)

Konzept & Redaktion: Sabine Sälzer
Lektorat, Satz und DTP: Christina Kempe
Korrekturlesen: Susanne Elbert
Gestaltung und Layout: Thomas Jankovic, Sybille Engels
Fotos: Alexander Walter
Fotoassistenz: Florian Peljak
Requisite, Styling, Food: Christina Kempe
Herstellung: Renate Hutt
Repro: W&Co. Media Services, München
Printed in Italy

ISBN: 3-7742-3250-4

Auflage	4.	3.	2.
	2004	2003	

DAS ORIGINAL MIT GARANTIE GU

Das Original mit Garantie

Ihre Meinung ist uns wichtig. Deshalb möchten wir Ihre Kritik, gerne aber auch Ihr Lob erfahren, um als führender Ratgeberverlag für Sie noch besser zu werden. Darum: Schreiben Sie uns! Wir freuen uns auf Ihre Post und wünschen Ihnen viel Spaß mit Ihrem GU-Ratgeber.

Unsere Garantie: Sollte ein GU-Ratgeber einmal einen Fehler enthalten, schicken Sie uns bitte das Buch mit einem kleinen Hinweis und der Quittung innerhalb von sechs Monaten nach dem Kauf zurück. Wir tauschen Ihnen den GU-Ratgeber gegen einen anderen zum gleichen oder ähnlichen Thema um.

Ihr Gräfe und Unzer Verlag
Redaktion Kochen
Postfach 86 03 25
81630 München
Fax: 089/41981-113
e-mail: leserservice@graefe-und-unzer.de